KB273890

살아남은 자, 조직하라!

정태수 평전

살아남은 자, 조직하라!

살아남은 자,
조직하라!

정태수 평전

강곤·김종환 지음
정태수열사추모사업회 기획

끄레마 Clema

태수의 삶은 현재진행형입니다

평전을 준비하며 인터뷰한 30여 명이 대부분 이구동성으로 말했습니다.

"태수는 참 따뜻한 사람이었다."

영정 속 얼굴이 고등학교 때부터의 얼굴이라는데, 산적 같은 덩치와 그 얼굴에 '따뜻'이라니……. 강한 외모와 달리 늘 상대방과 눈을 맞추고 편안히 들어주기를 좋아했던 품성 때문인 듯합니다.

한 활동가의 삶을 한두 가지로 단정할 수는 없겠지만, 활동가의 길로 들어선 뒤 정태수 열사가 심혈을 기울인 건 장애인 노동권 쟁취와 장애민중의 조직화였습니다. 그 대표적인 사업이 '장애인고용촉진걷기대회'입니다. 1996년 3월부터 한 달 동안 전국을 누비며 장애인고용촉진걷기대회를 지역마다 개최했고 그해 4월 20일엔 2천 명이 넘는 장애인들과 함께 장애인 노동권 쟁취를 외쳤습니다. 이 씨앗은 현재 중증장애인들의 권리 중심 공공일자리로 싹트고 있습니다. 지금 열사가 살아 있다면 '국가는 중증장애인이 할 수 있는 일을 노동으로 인정하고 개개인의 존엄한 삶을 보장하라'고 힘차게 외치고 있을 것입니다.

열사는 숨을 멈추는 순간까지 장애인 조직화를 바랐습니다. 전국을 누비며 수많은 활동가를 만났고 늘 상대방의 말을 진지하게 들었습니다. 그리고 그가 남긴 발자취는 '정태수상'으로 부활했습니다. 수많은 정태수들이 힘들 때마다 상패를 바라보며 등불을 비추었습니다.

우리가 기억해야 할 것은 그의 투쟁이 결코 영웅적인 개인의 결단만으로 이루어진 것이 아니라는 점입니다. 정태수는 동지들과 함께 싸웠고, 수많은 장애인 당사자들의 삶, 분노, 희망을 함께 모아냈습니다. 그는 언제나 '나'가 아닌 '우리'의 이름으로, 자신의 고통을 운동의 언어로 바꾸어 사회에 던졌습니다.

이 평전은 한 열사의 죽음을 기리는 데서 멈추지 않습니다. 살아 있는 우리가 무엇을 물려받았고 무엇을 여전히 해결하지 못했는지를 정직하게 묻습니다. 열사가 떠난 이후에도 장애인은 여전히 이동을 허락받아야 하고, 장애인 수용시설은 막강하게 존속하며, 차별은 형태만 바꾼 채 반복되고 있습니다. 그렇기에 그의 삶은 과거형이 아니라 현재진행형입니다.

정태수는 자신의 박제화를 결단코 거부할 것입니다. 투쟁의 현장에서 동지들과 함께 살아 숨 쉬는 열사로 남길 고대할 것입니다. 이 평전이 장애해방운동의 역사를 기록하는 동시에, 새로운 세대에게 투쟁의 이유와 방향을 전하는 작은 길라잡이가 되기를 바랍니다.

장애해방운동가 **정태수열사추모사업회**

가슴이 빠개지도록 사무치는, 태수야

　　　　나는 태수를 천둥소리처럼 만났고, 번개처럼 이별했습니다. 첫 만남은 서울패럴림픽이 열렸던 1988년, 서울장애자종합복지관 직업훈련 컴퓨터과에서 함께 공부하며 시작되었습니다. 태수와의 만남은 천둥소리처럼 쿵쾅거렸습니다.

또 그곳에서 직업훈련원 선배인 홍수 형도 만났습니다. 우리는 수업이 끝나면 술집에서 매일 함께 보냈습니다. 1983년 스물네 살까지 비장애인으로 살다가 행글라이딩 사고로 척수를 다쳐 하반신마비 장애인이 되었고, 집구석에서 5년간 삶과 죽음의 경계선에서 지내다가 1988년에 살기 위해 나왔던 나에게 그들과의 만남과 대화는 모든 것이 생소하고 운명처럼 충격적이었으며, 아득한 삶이었습니다.

태수는 술집에서 '가슴이 빠개지도록 사무치는 강산이여…'라는 노래를 자주 불렀습니다. 처음에는 고등학교를 갓 졸업한 젊은 놈이 무슨 사연이 그리 많길래 '가슴이 빠개지도록 사무치는'지 이해할 수가 없었습니다. 겨우 술 한잔 얻어먹을 때마다 홍수 형과 태수는 "장애인의 문제가 말이야, 개인의 문제가 아니야. 사회구조적인 문제야"라고 떠들어댔습니다. 나는 '개뿔, 지가 장애인이 됐으면서 누굴 탓하냐, 이 못난 사람아'라고 생각하면서도 그 말을 했다가는 그나마 술친구까지 잃을까 봐 안주처럼 입안에서 씹기만 했답니다.

그럼에도 태수와 홍수 형 그리고 나는 우리 집 아파트 정자에서 깡소주를 마시면서 '장애해방 그날까지, 우리는 서울장애자복지관 직업훈련 동문회 싹틈 출신으로 서로 배반하지 않고 끝까지 함께 투쟁한다'라고 결의했습니다. 우리는 그것을 '정자결의'라고 불렀습니다.

2001년 홍수 형이 떠나고, 2002년 태수마저 젊은 나이에 벼락 치듯 갑작스럽게 떠났습니다. 그리고 24년의 세월이 흐른 뒤 '정태수 평전'으로 다시 태수를 만났습니다. 태수는 언제나 사람 만나기를 좋아했던 조직 운동가였습니다. 젊은 날 갑작스럽게 떠나기 전까지 태수의 삶은 온전히 전국장애인차별철폐연대의 시작이었습니다. 그의 투쟁은 장애인운동의 방향을 제시하는 역사가 되었습니다. '가슴이 빠개지도록 사무치는' 그의 노래를 들어 보시기 바랍니다.

박경석(전국장애인차별철폐연대 상임공동대표)

우리의 이름, 정태수

이 책을 읽었을 때 처음 든 생각은 주인공이 잘 보이지 않는다는 것이다. 심지어 평전인데도 주인공인 정태수 열사 개인이 잘 보이지 않았다. 그냥 1980년대 중반부터 2000년대 초반에 이르는 한국 장애인운동사였다. 그런데 문득, 이것이 정태수인가 하는 생각이 들었다. 한 인간의 삶으로 한 시대 운동사가 쓰일 수 있는 사람 말이다.

정태수가 운동의 지도자였던 것은 아니다. 확실히 그는 그런 식으로 도드라지는 사람이 아니었다. 한국 장애인운동사를 건물에 비유하자면 그는 멀리서 보이는 지붕도 아니고, 멋진 장식을 단 창문도 아니며, 현판을 단 대문도 아니다. 그는 사람 눈에 보이지 않는 것, 이를테면 건물이 딛고선 바닥, 건물을 받치고 있는 골조, 무엇보다 모래알들을 붙들고 있는 시멘트 같은 사람이다. 그는 장애인 대중 앞에서 연설한 사람이 아니라 장애인을 대중으로 모은 사람이고, 장애인 대중운동을 이끈 사람이기 이전에 장애인 대중운동을 가능케 한 사람이다. 개인으로 차별받고, 개인으로 좌절하고, 개인으로 울분을 토했던 장애인들을 대중으로 묶어낸 사람이 그다.

이 책은 한국 장애인운동의 현재적 기원을 담고 있다. 한국 장애인운동은 왜 이렇게 질기고 단단한가. 직물을 짠 이가 한 사람, 한 사람을 엮었기 때문이다. 전체를 한 번에 묶지 않고 하나씩 엮어 전체가 되게 만들었기 때문이다. 게다가 이 운동은 말 잘하는 사람의 말, 지식 많은 사람의 지식으로 만든 운동이 아니다. 그래서 말 잘하는 사람이 말을 바꾸고, 지식 많은 사람이 논리를 바꾸어도 끄떡없다. 이 운동을 엮은 실은 말이나 논리가 아니라 절실함이기 때문이다. 이 운동은 가장 절실한 사람, 이 세상을 바꾸지 않고서는 이 세상에서 도무지 살 길이 없는 사람들의 운동이다. 중증장애인을, 중증장애인의 노점을, 중증장애인의 노동권을, 중증장애인의 야학을, 중증장애인의 정치를 역사의 전면에 등장시킨 것이 이 운동이다.

이 운동의 시작, 이 운동의 방식, 이 운동의 비전이 정태수이다. 이 책에서 정태수 개인이 잘 보이지 않는 것은 그가 개인으로 살지 않았기 때문일 것이다. 그는 '내가 무엇을 해야 하는지'가 아니라 '우리가 무엇을 해야 하는지' 고민했던 사람이다. 그래서 정태수는 '나'의 이름이 아니라 '우리'의 이름이다. 정태수 덕분에 우리는 우리가 될 수 있고, 무엇보다 지금의 우리가 될 수 있었다. 바로 이 책에 그가, 한국 장애인운동사가, 그리고 지금의 우리가 있다.

고병권(노들장애학궁리소 회원)

열사는 변혁적 관점의 새 지평을
끊임없이 열어젖혔습니다

　　　　그동안 정태수 열사를 몰랐던 것은 아니었지만 이번에
평전을 읽으면서 정태수 열사의 삶이 우리나라에서 제대로 된 장
애인운동의 태동과 초기 역사 그 자체였구나 하는 것을 새삼 느끼
게 되었습니다.

열사는 불모지였던 장애인운동에서 변혁적 관점에 선 새로운 장
애인운동의 조직적 깃발을 함께 세우고 그에 걸맞은 조직, 투쟁,
교육의 새 지평을 끊임없이 열어젖혔습니다. 열사가 고인이 된 지
24년이 되었지만, 그 평전에 열사와 함께 나오는 동지들은 모두
우리나라 장애인운동 발전에서 여전히 보석 같은 역할을 하고 있
는 동지들입니다.

장애해방된 세상까지 아직 가야 할 길은 멀지만, 오늘날 저의 젊
은 시절에는 감히 상상조차 할 수 없었던 장애인 노동권, 교육권,
이동권, 활동지원, 주거권 등 장애인이 우리 사회에서 떳떳하고
평등한 주체로서 살아갈 권리가 정태수 열사와 그 뜻을 함께하는
동지들의 중단없는 투쟁으로 이미 누구도 거부할 수 없는 사회적
담론이 되었습니다.

어찌 보면 참 평범했고 그리 많지 않은 동지들이 의기투합해서 시
작한 운동이지만, 인간애라는 역사적 정의에 부합하며 부침이 있

더라도 신심을 잃지 않고 투쟁한다면, 그것이 결국 거대한 역사의
흐름이 된다는 진정한 모범을 보고 싶은 분들은 정태수 열사 평전
을 꼭 정독하기를 추천합니다.

장현일(민족민주열사희생자추모연대 의장)

어린 시절

1

아름다운 바다 경관을 자랑하는, 하지만 바람이 너무 심해 '사람은 못 살 포'라서 모슬포라 불리게 되었다는 우스갯소리가 전해지는 곳.

정태수가 태어나 유년 시절을 보낸 제주도 서귀포시 하모리 모슬포. 지금은 방어 축제로 유명한 관광지이지만 일제강점기 일본 관동군 사단이 주둔하던 곳이었으며, 그런 탓에 제주도에서 다른 지역보다 일찍 상거래가 발달한 지역이다. 해방 뒤 한국전쟁이 일어나자 이승만 정부는 일본군 주둔지였던 모슬포에 육군 제1훈련소를 설치하고 남한 각지에서 젊은이들을 징집해 기초적인 군사 훈련을 시킨 뒤 낙동강 전선에 투입했다. 곧이어 인근에 미군기지도 들어섰다.

모슬포는 자연스럽게 훈련소에 입소하는 장병들, 그들을 배웅하러 온 이들, 훈련병 면회 가족과 지인들로 북적였다. 사람들이 모여들면서 마을은 더 커졌고 상권도 발달했다. 1953년 휴전 뒤 충청남도 논산에 제2훈련소가 설치되면서 1956년 4월 제주도 제1훈련소는 공식적으로 폐쇄된다.

모슬포 태수네

1960년대 초반 국정홍보 영상에서 정부는 제주도를 '복지 제주, 낙원 제주'라며 대한민국 수산자원의 전진 기지라 추켜세웠다. 하지만 당시 제주도는 4·3항쟁과 한국전쟁의 상흔조차 차마 드러내지 못하고 속으로만 고스란히 간직한 채 낙후된 남한의 변방이었다.

1965년 1월 태수의 어머니 강영자와 아버지 정상호는 혼인 후 정상호의 고향인 모슬포에 신접살림을 차렸다. 스물네 살 강영자는 모슬포에서 10여 킬로미터 떨어진 제주 고산리 출신으로 혼인 전에는 부산에서 방직공장에 다니고 있었다. 그 시절 대부분 처녀총각들이 그러했듯이 네 살 위인 정상호와 맞선을 본 강영자는 두어 번의 만남 뒤 곧바로 식을 올렸다. 그리고 바로 그해 태수보다 두 살 위인 맏아들 근수가 태어났다.

어린 나이에 부모님을 여의고 고아로 자란 정상호는 고구마 전분공장 전무로 일하고 있었다. 가뜩이나 쌀이 귀한 시절에 전쟁까지 치른 상태에서 제대로 농사도 짓지 못했기에 전후 남한은 식량난이 극심했다. 결국 식량을 미국의 양곡 지원에 전적으로 의존할 수밖에 없었던 1950~60년대에 고구마와 감자, 옥수수는 우리나라의 중요한 먹거리 작물이었다. 그리고 당시 한반도에서 최대 고구마 생산지였던 제주도에는 고구마 전분공장이 많이 들어섰다.

정태수는 1967년 겨울 크리스마스인 12월 25일, 음력으로 11월 24일 태어났다.[1] 태어난 지 10개월 무렵부터 집에 있는 가구를 짚고 엉거주춤 일어나 걸음마를 떼곤 하던 아기는 어느 날 열병을 앓으면서 자지러지게 울었다고 한다. 정 많고 가족에 대한 책임감이 남달랐던 어머니는 50년 넘게 흘렀지만 그날을 또렷이 기억한다.

"우리 영감님이 직장에서 스트레스를 너무 많이 받아서 갑자기 쓰러지는 바람에 병원에 갔다가 집에 오니까 태수가 아파서 많이 울었다고 그러더라고. 애를 업고 시골 조그만 병원에 갔는데 거기서는 처음에 소아마비가 아니라고 했어. 그래서 데리고 왔는데 이튿날인가 또 다리를 올리며 떨어. 이상해서 좀 큰 병원에 갔더니 거기서는 뇌성마비라고 하더라고. 그 병원에서 일주일 정도 입원해 있다 보니까 애가 젖을 못 물어.

1) 정태수는 출생신고가 늦어져 주민등록상 1968년생으로 되어 있다. 이 때문에 또래 장애인운동 활동가들 사이에서 상당 기간 그 시절 흔하디흔한 '형, 동생 서열 정리와 호칭에 혼선과 논란이 있었다

한 달인가 입원했는데 영 낫지를 않아. 동서가 어디 용한 무당에게 물어
보니 이 의사가 태수랑 안 맞는다고 그래. 병원을 바꿔야 한다나. 다른
병원, 한의원에 갔더니 소아마비인데, 소아마비는 침으로 빨리 돌렸어
야 했는데 때를 놓쳤다 그러더라고." (강영자)

소아마비는 영유아 시기 폴리오바이러스가 뇌나 척수신경에 침
입해 신경기능에 이상을 일으키며 신체 여러 부위, 특히 하지를 마
비시키는 질환이다. 한국에서 소아마비 백신 예방접종은 1960년
대 중반이 되어서야 보편화되었다.[2] 그전까지는 전국적으로 연간
2,000명 정도가 소아마비에 감염되었으며, 백신 접종이 널리 시행
된 1960년대 말이 되어서야 한 해 약 200명 선으로 줄어들었다. 전
국적으로 큰 유행은 1950년대 말부터 1960년대 초, 그리고 1960년
대 중반에서 말까지 두 차례 있었는데, 특히 1960년대 중후반에는
제주도를 비롯한 남쪽 지방에서 크게 유행했다.

신생아 예방접종이라는 생소한 의료행위는 서울을 비롯한 대도
시를 중심으로 시작되어 서서히 전국으로 퍼져나갔고 1960년대 말
제주도에 이르기까지는 적지 않은 시간이 걸렸을 것이다. 실제로
제주도에서 소아마비는 정태수와 비슷한 나이 또래인 1960년대 중

---

2) 예병일, "소아마비가 사라지기까지"- 예병일 교수의 의학이야기, 사이언스타임
　즈 기획칼럼. https://bit.ly/3GG9Hht

반부터 60년대 말 출생자들에서 한 동네에 두서너 명 꼴로 걸릴 정도로 흔했던 감염병이었다. 1966년 한국소아마비아동특수보육협회(현 한국소아마비협회)가 설립되었고 1967년에 '소아마비 어린이날'이 제정된 것을 보면 당시 한국에서 소아마비가 얼마나 큰 사회문제였는지 알 수 있다.[3]

놓지 못한 희망의 끈

태수 부모님은 2년여를 앞뒤 돌아볼 겨를 없이 태수를 치료하는 데 매달렸다. 병원 치료는 물론 침도 맞추고 용하다는 무당을 찾아 굿도 해봤다. 그 사이 셋째 아들 희수를 임신했다. 보살피지 못하니 가정생활은 엉망이 되었고 경제적인 궁핍으로 이어졌다.

"(태수가) 네 살 때인가 고산에 있는 외갓집에 태수를 맡겼어요. (울음) 먹고살아야 하니 어쩔 수 없이 외할머니에게 맡겨놓고…… 다섯 살까지 거기서 지냈어요. 나는 고무신 팔러 다녔지." (강영자)

---

3) 김도현, <차별에 저항하라>, 박종철출판사, 2007, 32쪽. 1950년대 중반 조너스 소크 박사가 백신 개발에 성공하고 이후 백신이 일반화되기까지인 1950~1960년대 소아마비는 세계적으로 유행했던 질병이자 커다란 사회문제였다. 소크 박사는 이후 한 인터뷰에서 백신 특허권을 포기하며 "태양에도 특허를 낼 것인가요?"라는 유명한 말을 남겼다.

태수를 고산 외가에 맡겨놓고 강영자, 정상호 부부는 고무신 도매업을 시작했다. 당시에는 불량 고무신도 따로 모아두면 금세 팔려나갈 정도로 인기가 있어서 벌이가 좋았다. 그 무렵 박정희 정권의 대대적인 농촌 근대화 사업, 이른바 새마을운동이 시작되었다. 전국이 공사판이었고 제주도도 예외가 아니었다. 이 시기 태수네도 건축 목재업에 뛰어들었다. 건축 붐을 맞아 사업은 번창했지만, 거친 건설업자들을 상대해야 하는 일의 특성상 술자리가 많아지면서 태수 아버지의 음주도 잦아졌다.

가정 형편이 좀 나아지자 태수를 집으로 데려왔다. 부모님은 태수의 다리를 온전히 고칠 수 있다는 희망의 끈을 놓지 않았다. 당시 태수네 동네에도 다리를 못 쓰는 아이가 있는 집들이 더러 있었는데 태수 어머니의 친구네도 아이가 소아마비였다. 어느 날 그이는 부산 동래온천 물이 효과가 있다며 같이 다녀오자고 했다.

"1년 동안 하루 10시간씩 온천물에 담그고 있으면 좋아진다고, 같이 가자고 친구가 그랬는데 그걸 못해줬어. 돈을 벌어야 했으니까……. 그때 집안이 무너지는 한이 있더라도 부산 온천에 같이 갔어야 했는데. 그랬다면 태수도 지팡이를 한 개만 짚을 수 있었을지도 모르지." (강영자)

이제 막 목재상이 자리를 잡아가고 있을 때였다. 게다가 막내딸

미희까지 갓 태어났을 무렵이니 강영자에게는 태수 말고도 돌봐야 할 아이가 셋이나 있었다. 하지만 1년 후 돌아온 친구의 아이가 목 발을 한 개만 짚고 다니는 등 호전된 모습을 보이자 어머니에게는 이 일이 평생 대못으로 가슴에 박혔다.

하루는 이웃집 아이 엄마가 경남 마산의 복지관에서 태수와 같은 장애아동을 미국으로 입양 보낸다는 소식을 전해주었다. 그 엄마 아이 역시 소아마비였다. 태수는 영리하니 미국에서도 잘 살 것이고, 장애인이 살기에는 한국보다 훨씬 좋을 것이란 말에 태수 어머니는 입양 절차를 알아보게 된다.

> "한 1년쯤 지나서 태수 차례가 되었다는데…… 도저히 못 보내겠더라고. 먼저 그 아이는 입양을 갔는데 나는 차마 태수를 보낼 수가 없었어요."
>
> (강영자)

어머니가 기억하는 입양 기관은 홀트아동복지회였을 것으로 추정된다. 이 복지회는 1955년 미국인 홀트 부부가 한국전쟁 뒤 고아 8명을 입양한 것을 계기로 설립한 사회복지단체다. 홀트아동복지회는 전쟁고아로 시작해 혼혈, 장애, 비혼모 아동 등으로 범위를 넓혀가며 한국 아동을 미국에 입양하는 사업을 진행했다. 하지만 2010년대 후반부터 이러한 국제 입양 사업이 아이를 팔고 사는 것

이라는 비판이 제기되기도 했다.[4]

아무튼 미국행 입양은 무산되었지만, 지난 2002년 태수가 심근경색으로 너무나 일찍 세상을 떠나자 어머니에게는 그때 미국으로 보냈으면 어땠을까 하는 생각이 여전히 마음 한구석에 자리 잡고 있다.

1975년 태수는 동네에 있는 대정초등학교에 입학한다. 걸어서 20분 정도의 그리 멀지 않은 통학길이었지만, 다리를 잘 쓰지 못하는 어린 태수가 감당하기에 너무 먼 거리였다. 어머니는 태수를 등에 업고 등교해야 했고 같은 해에 입학한 사촌 누이가 태수의 가방을 들고 동행하는 날도 잦았다.

등교는 그렇게 했다지만 당시 장사하던 어머니는 좀처럼 하교 시간을 맞추기가 어려웠다. 해 질 무렵에야 부랴부랴 달려간 썰렁한 학교, 아무도 없는 교정에 혼자 남아 있는 태수를 보며 어머니는 어느 순간 차마 해서는 안 될 마음을 먹기도 했다.

"다른 친구들은 다 집에 갔는데, 엄마를 기다리며 있는 모습이 너무 서러워서……. (울음) 그래서 같이 죽으려고도 했어요, 태수랑 나랑. 그때는 바로 앞이 바닷가니까 죽방(방파제)에 애를 업고 가는데 태수가 뒤에서 안

----

4) 전홍기혜, <아이들을 파는 나라>, 오월의봄, 2019. 외국 입양 문제는 지속해서 문제가 제기되고 있으며, 스웨덴에 입양된 이가 2022년 진실화해위원회에 입양 중 발생한 중대한 인권침해에 대해 진상규명을 신청하기도 했다.

죽겠다고 막 소리를 지르는데……. '나는 안 죽어. 죽으려면 엄마 혼자 죽어' 그러는데…… 차마 그 물속에 들어가지 못하겠더라고." (강영자)

같이 생을 마감하고자 했을 만큼 삶이 고단했고 평생 다리를 쓰지 못하고 살아가야 할 자식의 앞날이 막막하고 안쓰러운 것이 어머니의 심정이었다. 그러나 태수보다 세 살 아래인 동생 희수가 기억하는 형의 모습은 꼭 그렇게 안타깝지만은 않았다. 지금은 제주도에서의 기억이 좀 희미하지만, 희수가 기억하는 태수는 여느 평범한, 장난꾸러기 소년이었다.

"워낙 어렸을 때라 정확히 기억은 안 나지만, 바로 집 앞 해변에서 같이 물놀이했던 기억이 나요. 깊지 않고 얕은 물가에서요. 또 우리 동네에 건물이 거의 없는데 어느 날 새로운 건물이 생겼죠. 무슨 가게가 개장한다고 사탕을 사람들에게 나눠주고 아이들에게도 막 뿌렸어요. 그 사탕이 담겨 있던 바구니를 갖고 도망을 치다가 아저씨에게 잡혀서 혼났던 기억도 나요. 작은형은 달리지 못하니까 저한테 그 사탕 바구니를 가져오라고 지시한 거죠. 형이 시켜서 갖고 달려오다가 아저씨한테 잡혀서 혼났던 기억. 하하하." (정희수)

드러내놓고 괴롭히거나 집단적인 따돌림 같은 일이 일어나는 것은 드물었지만, 1970년대 한국 사회에서 장애인은 '불구자'로 불리던 시절이었다. 한국전쟁을 거쳐 사회로 복귀한 상이군인들은 분단 국가의 상흔을 간직한 채 때로는 동정의 대상이자 때로는 공포의 대상이었다. 반면 1960~70년대 급격한 도시화와 산업화 시대에 태어난 소아마비를 비롯한 장애인들은 세상에 나오지 말았어야 할 존재, 날 때부터 문제가 있는 일종의 '불량품'으로 취급받았다.

더군다나 제주도라는 좁은 지역사회에서 태수와 같이 몸이 불편한 이들을 향한 동정 어린, 또는 곱지 않은 시선을 어머니는 한순간도 느끼지 않을 수 없었다. 아무리 생각해봐도 폐쇄적 공동체인 제주도에서 태수가 잘 자랄지 확신할 수 없었다. 게다가 태수 말고도 무럭무럭 자라는 세 아이, 근수와 희수, 미희가 있었다. 평소 사교적이지 못한 성격임에도 사업 때문에 또는 이를 핑계 삼아 매일 이어지는 태수 아버지의 술자리. 잦은 폭음으로 자주 병원 신세를 질 만큼 부쩍 안 좋아진 남편의 건강도 큰 걱정거리였다. 결국 태수 어머니 강영자는 일생일대의 결단을 내린다.

제주도에서 경기도 하남시 선린촌으로

1960~70년대는 농촌에서 도시로 인구가 급격히 이동하던 시기다. 대다수는 일자리를 찾아 고향을 등지고 도시로 올라가는 젊은 세대들이었지만, 혈연집단을 비롯한 여러 소규모 공동체가 집단

이주하는 일도 간혹 있었다. 한국전쟁으로 피난해온 이북 출신 주민 또한 남한 내에서 자기들만의 집단 이주를 계속하고 있었다.

경기도 하남시에 꾸려졌던 선린촌도 그러한 사례이다. 부산 동래 지역으로 피난 왔던 이북 출신 주민들이 1960년대 서울 강동구 길동에 자리 잡은 뒤 도시계획에 떠밀려 다시 경기도 하남시에 마을 공동체를 형성했다. 마을 이름이 선린촌인 까닭은 이북 출신 피란민들과 선린교회를 중심으로 한 개신교 신앙 공동체 구성원들이 결합했기 때문이다. 선린촌의 주된 경제 활동은 양계업과 원예업이었다. 인구가 급속도로 팽창하던 서울 주변이라 납품하기가 유리해서 공동체의 주요 수익원이 되었다.[5]

독실한 크리스천이던 정태수의 외삼촌과 이모들이 선린촌에 먼저 자리 잡고 양계장을 하고 있었다. 1970년대 말부터 몇 년간에 걸쳐 태수네는 태수 작은아버지에게 목재상을 넘기고, 그 돈으로 선린촌의 양계장 하나를 인수했다. 선린촌으로 이주하기로 결정한 것이다. 태수의 부모님은 인수한 양계장의 위탁 운영을 맡긴 뒤 안정적인 수익이 나오는 것을 확인하자 중학생이던 맏아들 근수는 제주 친척 집에 맡기고 희수와 미희를 데리고 네 식구가 먼저 경기도 하남시 선린촌으로 이주했다. 이때 태수는 다리를 치료하기 위

---

5) 류태영, 이풍길, "선린신협의 역사-도시화와 산업화에 따른 동부선린촌의 농촌 사회학적 특성 변화", <농촌사회> 5, 1995.

해 마산에 있는 병원에 입원한다.

제주도 친척 집에 남아 있다가 이듬해인 중학교 2학년 때 하남시로 올라와 가족과 함께 살게 된 정근수에게 당시 선린촌의 인상은 강렬하게 남아 있다.

"선린촌은 공동으로 투자해서 협동마을 비슷하게 농장을 만들었어요. 집단 농장도 만들고 그 안에 개인 농장도 있고, 신용협동조합도 만들었어요. 집 모양도 비슷한 공동 주택도 있고. 거기에 농장 하나를 외삼촌이 소개해줘서 양계장을 하게 된 거죠. 그때만 해도 양계업이 초창기여서 다들 집에서 닭을 키워서 달걀을 얻지, 사 먹는다는 게 익숙하지 않던 시절이었지만, 곧 자리를 잡았죠. 나중에 보니 그 마을에 교수님도 계셨고, 화가도 있었어요. 다른 학교에 다니다가 뜻한 바가 있어서 한신대학교에 다시 들어간 신학생, 한신대를 졸업하고 마을로 와서 교회 전도사를 하는 분도 있었고. 그러다 보니 교육이랄까 이런 부분에서 좀 트인 생각이 있는 분들이 많았죠." (정근수)

선린촌에 머물던 태수네는 곧 천호동에 단독주택을 장만해 이사했다. 정태수는 경남 마산에서 2년여 동안 다리 수술과 재활치료를 한 뒤 뒤늦게 가족과 결합한다. 정태수는 세 살 어린 동생 희수와 천호초등학교 6학년 같은 반에 다니게 된다.

"천호동 단독주택으로 이사했는데 거기로 작은형이 왔어요. 수술하고 그러느라 저랑 학년이 같아졌어요. 학교에서 배려를 해줬던 것 같아요. 지금처럼 계단 옆에 경사로를 설치하거나 그런 것은 생각도 못했죠. 보통 6학년이면 교실이 맨 위층에 있잖아요. 그런데 형처럼 다리가 불편한 친구가 두 명 더 있었는데 그이들이랑 형이랑 저랑 그렇게 한 반으로 배정하고, 6학년 중에 우리 반 교실만 1층에 있었어요. 그때부터 천호중학교, 배재고등학교까지 쭉 같은 학년, 같은 반으로 학교에 다녔어요." (정희수)

정태수는 마산에서 2년 동안 다리 수술과 재활치료를 받았으나 큰 효과는 보지 못했다고 한다. 다만, 수술 전까지 늘 업혀 다니거나 기어 다녔던 태수는 이때부터 양다리에 보조기를 찬 채 목발을 짚고 스스로 걸어 다녔다.

짓궂지만 생각이 깊은 소년

당시 모든 산업이 그러했지만 특히 축산업, 그중 양계업은 전적으로 사람의 노동력에 의존해야 했기에 양계장 주인이었던 태수의 부모님도 일손을 놓을 수 없었다. 막내 미희까지 초등학교에 입학한 참이었지만 어머니가 아이들을 위해 할 수 있는 일은 새벽같이 일어나 점심 도시락을 싸놓는 것 정도였다. 그래도 믿을 구석이 있기는 했는데, 제주도에서 데리고 온 열일곱 살 조카 정희였다. 그이가 있어 아이들의 돌봄과 살림에서 큰 짐을 덜 수 있었다.

"제주에 살 때는 제가 너무 어려서 거의 기억나지 않아요. 또 그게 내가 기억하는 것인지, 사진을 보고 그걸 제 기억이라고 착각하는 것인지도 모르겠고요. 하여튼 어느 날 천호동 우리 집에 둘째 오빠가 뿅 하고 나타났어요. 그때 사진이 있는데, 여리여리하고 얼굴이 하얀 오빠였어요." (정미희)

마산에서 2년여간 수술과 재활치료를 받느라 거의 갇혀 지내다시피 했던 정태수는 창백한(?) 낯빛의 소년이 되어 집으로 돌아왔다. 하지만 얼굴이 하얗다고 장난기마저 지워진 것은 아니었다.

"바로 위 희수 오빠는 늘 조용하고 차분하고 뭐든지 잘해주는 오빠였다면, 태수 오빠는 늘 나를 놀리고 골탕 먹이려 하는 짓궂은 오빠였어요. 친척들이 모이면 꼭 저한테 '야, 똥미희!' 하고 놀렸어요. 그럼 다른 사촌 오빠들도 다 그렇게 부르며 놀렸고. 그럴 때 무시해야 하는데 제 성격이 그렇지 못해서 바르르 떨면서 막 대들고. 그럼 더 재미있다는 듯이 막 놀리고." (정미희)

태수와 희수는 초등학교 6학년 같은 반이라 늘 등하교를 같이했고 집이 학교 근처라 늘 태수네 집에서 함께 노는 친구들이 생겨났다. 부모님이 모두 일을 나가시니 태수와 희수는 친구들과 자유롭게 라면도 끓여 먹고 만화책을 빌려서 보기도 했다. 태수네는 일종의 놀이터이자 아지트였던 셈이다.

고등학생이 된 근수는 집에 없는 시간이 많았고 희수도 친구들과 놀러 나가면 태수와 집에서 가장 오랜 시간을 보낸 이가 막내 미희였다. 태수는 한편으로는 막내 여동생을 장난삼아 놀려먹기도 했지만, 옆에 있으면 듬직한 오빠이기도 했다. 좀 더 커서는 이런저런 정보도 주고 내기를 핑계 삼아 '사기'를 치기도 했지만, 막내 미희는 "본인이 하지 못했던 것을 이것저것 해보라고도 권유하기도 했던 참 말 많은 오빠"로 태수를 기억한다.

"부모님은 너무 바쁘시니까 우리 집 바로 뒤 중국집에서 거의 매일 자장면을 시켜 먹었어요. 부모님 없이 오빠들과 지내던 시간이 많았어요. 하루는 저희끼리 석유곤로에 뭘 하려고 성냥불을 켜다가 성냥 통에 불이 옮겨붙어서 깜짝 놀랐던 기억도 나요. 또 기억나는 게, 아빠가 어느 날 술을 많이 드셨어요. 어머니는 일찍 농장에 나가셨고. 술을 많이 드셔서 막 저희한테 화를 내셨어요. 집에 희수 오빠와 태수 오빠, 그리고 저밖에 없었는데 무서웠어요. 저희더러 보기 싫다고, 당장 집에서 나가라고 소리치셨어요. 그런데 태수 오빠는 나갈 수가 없잖아요. 방에 누워서 '너희 이제 어떡하냐?' 하는 눈빛으로 저희를 지긋이 쳐다보고 있었어요. 저는 희수 오빠 손을 붙잡고 집을 나와서 길을 가고 있는데, 그때 우리 집에 큰오빠보다 두 살인가 많았던 외사촌 정희 언니가 있었거든요. 아버지가 그 언니에게는 함부로 못 하셨어요. 다행히 얼마 안 가 그 언니를 만나서 집으로 돌아올 수 있었죠. 그날 쫓겨나는 저희를 걱정스럽게 쳐다보던 오빠의 눈빛이 지금도 기억나요." (정미희)

"6학년 때인가 중학교 때쯤인가, 비가 내리면 형은 목발을 짚고, 저는 제

초등학교 시절 정태수 열사의 모습. 재활치료로 3년 늦게 복학해서 다른 친구들보다 키가 훨씬 크다.

가방하고 형 것까지 들었으니 우산을 받칠 수가 없어서 비를 쫄딱 맞았
죠. 어느 날 한 아주머니가 그걸 보고 안쓰러웠는지 한참 동안 저희에게
우산을 받쳐주셨어요.” (정희수)

장애인에게 딱 그만큼의 동정과 시혜가 이뤄지던 당시 한국 사
회. 마찬가지로 당시 학교 차원에서나 교사들은 장애 학생에 대한
어떤 특별한 취급이나 배려도 없었다고 희수는 기억한다. 그것이
좋았던 것인지 나빴던 것인지 지금도 희수는 쉽게 판단하기 어렵
다. 한 반 학생이 60명을 훌쩍 넘기던 시절, 교실이 비좁아 초등학
교 저학년은 오전, 오후반으로 나눠 등교하던 시절이었다. ‘3, 3, 35
운동’[6)]에 이어 ‘둘만 낳아 잘 기르자’라는 표어가 등장하기도 했다.
정관수술로 산아제한 정책에 동참하면 수술비도 안 받고 민방위훈
련도 면제해주던 시절, 학교는 공장이었고 학생들은 그저 산업예
비군일 뿐이었다.

“중학교 때 체육 시간에 친구들하고 축구를 하다가 문득 보면 태수 형이
다리 불편한 친구들 세 명과 운동장 스탠드에 앉아 우리를 보고 있었어
요. 그때는 제 마음도 좀 좋지 않았죠.” (정희수)

----

6) 1950~1960년대 다자녀 출산은 한국 사회 빈곤 극복의 최대 난관으로 인식되었
다. ‘3, 3, 35운동’은 1960년대 등장한 대표적인 산아제한 정책으로 3명의 자녀를
3년 터울로 낳고, 35세에 단산하자는 뜻이다.

친구들 사이에서도 정태수를 비롯한 장애가 있는 이들에 대해 별다른 차별도 없었고, 한편으로는 딱히 더 신경을 쓰거나 배려해준 것도 없다. 태수는 친구들 사이에서 욕심을 부리기보다는 좀 손해를 보더라도 양보를 잘하는 편이었고, 그래서 주변에 친구들이 많았다. 그 양보가 나중에 득으로 돌아오는 일들을 희수는 많이 보았다고 한다. 한편 어머니는 태수의 중학교 3학년 담임선생님이 아직도 괘씸하기 이를 데 없다.

> "태수를 소풍 보냈는데, 그때 촌지를 줬어요. 다 그러던 시절이었으니까. 그때 돈 만 원이면 큰돈인데, '엄마한테 이거 너무 작으니까 다음에 더 보태서 보내라' 그러면서 그 돈을 돌려보낸 거예요. '아, 어떻게 사람이……, 장애인을 소풍에 데려가려면 물론 더 힘들겠지만…… 이럴 수가 있는가?' 그리고 돈을 다시는 안 보냈어요." (강영자)

담임선생님으로부터 돈 봉투를 다시 돌려받으며 태수는 무슨 생각을 했을까? 그 봉투를 다시 어머니에게 건네주던 열여덟 태수는 또 어떤 심정이었을까? 태수는 아무렇지도 않고 퉁명스럽게 어머니에게 봉투를 건네주며 무엇을 더 묻지도, 무슨 말을 덧붙이지도 않았다.

대학입시에서 살짝 빗겨선 고등학생

"시장님, 왜 저희는 골목골목마다 박힌 식당 문턱에서 허기를 참고 돌아서야 합니까. 왜 저희는 목을 축여줄 한 모금의 물을 마시려고 그놈의 문턱과 싸워야 합니까. 또 우리는 왜 횡단보도를 건널 때마다 지나는 행인의 허리춤을 붙잡고 도움을 호소해야만 합니까. … 장애자들은 사람대우를 받지 못합니다. 대우를 받아도 끝내는 이용당합니다. 조그마한 꿈이라도 이뤄보려고 애써봤지만 시간이 흐를수록 사회는 저를 약해지게만 만듭니다."

– 김순석 열사의 유서 중에서

1984년 9월 22일 조선일보에 한 장애인의 유서가 실렸다. 신문에 보도되기 3일 전 수동휠체어를 이용하던 김순석이 도로의 턱을 없애달라는 내용이 담긴 여섯 장의 유서를 당시 염보현 서울시장 앞으로 남기고 음독자살했다. 다섯 살 아들을 둔 34세 한 가장의 죽음은 한 일간 신문이 이례적으로 유서 내용을 크게 실으면서 충격적인 사건으로 사람들의 관심을 불러일으켰다. 이 죽음이 한국 사회 최초로 조직적이고 사회적인 파열음을 일으켰다고 노들장애학궁리소 연구활동가 김도현은 평가한다.

"1984년 10월 6일, 지체장애인 이용시설인 구의동 정립회관 운동장에서 보건사회부(현 보건복지부) 장관과 국회의원 및 장애인계 인사들이 자리를 함께한 가운데 제8회 전국지체부자유학생체전 개회식이 열리고 있었다. 정립회관을 이용하는 대학생들을 중심으로 결성된 대학정립단 등 청년 학생들은 미리 준비한 김순석의 모의 관을 메고 정립회관으로 들어와 장례식을 치렀으며, 내빈들이 자리를 잡고 있던 단상에 기습적으로 올라가 장관에게 문상을 요구했다. 대학생들이 관을 태우는 화장식을 거행하자 결국 개회식 행사는 파행적으로 마무리되고 말았다. 그런데 김순석 열사의 죽음이 동정의 시각에서나마 각종 신문에 대서특필로 보도되었던 것과는 달리, 이들의 투쟁은 언론에서 아예 무시되거나 젊은이들에 의한 치기 어린 해프닝 정도로 취급되었다."[7]

정태수가 당시 이 기사를 읽었는지, 이 사건을 뉴스를 통해 접했는지 알 길은 없다. 하지만 고등학교 진학을 앞둔 다른 중학생들과는 달리 10대 후반의 나이에 장애인으로서 이 사회에서 어떻게 살아갈 것인가, 아니 어떻게 살아남을 것인가를 좀 더 진지하게 고민하기 시작했을 것이다. 태수네가 천호동 단독주택에서 이후 태수와 희수가 다니게 될 명일동 배재고등학교 인근 삼익아파트로 이사한 무렵이었다.

<hr>

7) 김도현, <차별에 저항하라>, 박종철출판사, 2007, 37쪽. 기성 언론만이 아니라 1980년대 시민사회나 사회운동 내에서도 장애인 인권이나 장애인운동에 대한 인식이 크게 다르지 않았다고 생각한다.

"형은 인문계가 아니라 실업계 고등학교로 갈까 고민했던 거 같아요. 왜 그런 생각을 했는지는 모르겠는데. 공부를 아주 잘하지는 못했지만, 무난히 인문계에 갈 성적은 됐거든요. 고등학교에 가서도 딱히 대학에 갈 생각도 없었나 봐요. 그러고 보니 통 공부하는 걸 못 봤는데 성적이 괜찮게 나온 걸 보면, 형이 머리는 좋았던 모양이에요. 하하." (정희수)

가정 형편이 어려워 학업을 접고 당장 돈을 벌어야 할 상황도 아니었다. 하지만 고등학생이 된 정태수는 일찌감치 대학 진학의 뜻을 접은 듯했다. 형 근수가 대학에 막 입학했고 동생 희수는 여느 고등학생처럼 학교를 마치면 독서실로 향했지만, 태수는 학교를 마치면 자율학습도 하지 않고 곧장 집으로 돌아왔다.

그 시절 태수는 대학입시에서 살짝 비켜서서 어쩌면 또래보다 일찍 이 사회에서 무엇을 하며 살 것인가를 본격적으로 고민한 듯하다. 동생 희수에게 술과 담배를 권할 정도로 태수는 적당히 탈선할 줄 알면서도 큰 비행은 저지르지 않던 고등학생이었다. 그 무렵 태수네 집은 제주도에서 서울로 유학온 대학생들이 번갈아 가며 아이들 과외 선생 겸 하숙생으로 머물던 일종의 하숙집이었다.

1980년대 초반 과열된 사교육과 과외 열풍을 잠재운다는 이유로 전두환 정권은 정원보다 120~130%의 학생을 선발하는 졸업정

원제를 시행했다. 이 정책은 제한된 졸업 인원 이상을 입학시켜 대학생들 간의 경쟁을 통해 사회문제에 대한 관심과 민주화운동의 열기를 차단하려는 의도였다. 하지만 결과적으로 대학생 숫자가 늘어났고, 1983년 미국 등 국제사회의 압력에 따른 학원자율화조치[8] 등으로 학생운동이 민주화운동의 중요한 한 축을 담당하게 되는 발판이 되었다.

"그때는 서울대, 연세대, 고려대 정도는 갈 성적이어야 제주도에서 서울로 올려보냈어요. 지금에야 다들 서울로 오지만 그때는 그 정도가 아니면 그냥 그 지역 국립대를 보냈죠. 공부는 잘하지만 집안이 넉넉지 않으면 친척 집이나 동향 출신인 집에 부탁해서 신세를 졌죠. 우리 집에도 그런 형들이 계속 왔어요. 그때는 대학생들이면 다들 데모를 많이 할 때라, 기억에 남는 형이 몇 명 있는데, 저보다 한 살 많은 형이 있었는데 서울대 의대를 다니고 있었거든요. 그런데 건국대 사건이 터지고 나서 도망을 다니다가 휴학도 못 하고 바로 군대에 갔어요." (정근수)

정근수가 기억하는 건국대 사건은 1986년 건국대학교에서 벌어

---

8) 학원자율화조치 이전에는 정보과 형사 등 경찰이 대학 내에 상주했다. 따라서 공개적인 정치 활동 자체가 불가능했다. 이 조치 이후 대학 내 경찰이 철수하고, 각 대학에서 직선제를 통한 총학생회 등이 꾸려지면서 공개적인 대학 운동권 그룹이 형성되었으며 대학 내 민주화운동이 대중화, 활성화되었다.

진 이른바 애학투련(전국반외세반독재애국학생투쟁연합의 약칭) 결성식 사건을 말한다. 민주화운동사에서는 건대항쟁으로 일컫는 사건이다. 당시 경찰은 전국에서 건국대로 모인 1,500여 명의 대학생을 연행해 1,200명을 구속했으며 전두환 정권은 언론을 통해 이들을 '좌경용공분자'로 몰아갔다.

> "그때 대학 다니던 먼 친척 오빠도 일종의 과외 선생님이었는데 우리 오빠들을 가르쳤죠. 어떤 오빠는 정신봉이라는 막대기를 들고 무섭게 정신교육을 시키기도 했어요. 그때 태수 오빠가 그 오빠들 영향을 받아서였을까, 제가 중학생 때 고등학생이던 태수 오빠가 저한테 민중가요를 카세트테이프로 들려주기도 했어요. 저한테 처음, 그리고 가장 많이 운동권 가요를 들려준 게 바로 태수 오빠예요." (정미희)

정태수의 고교 시절인 1985년부터 1987년까지는 민주화운동이 폭발적으로 일어나던 시기였다. 광주학살의 책임을 집권당에 물었던 1984년 민정당사 점거농성, 신군부의 등장과 광주학살에서 미국의 책임을 최초로 제기했던 1985년 서울 미문화원 점거농성 등이 이어졌다. 더는 틀어막을 수 없을 정도로 전 사회적으로 민주화의 열기가 뜨거웠다. 꼭 대학 인근이 아니어도 도심 곳곳과 중고등학교 교실까지 최루탄 연기가 날아들었다.

이런 시국에 태수네에 머물던 대학생 중에는 '대자보를 몰래 집에 가져오기도 했고', '옷에 최루탄 냄새가 잔뜩 묻은 채 돌아오기도 했던' 운동권 학생들이 있었다고 희수도 기억한다. 맏이였던 근수는 대학 1년을 마치고 군에 입대한 상태였다. 희수는 "(태수)형이 제게 그런 이야기를 직접 하거나 그런 적은 없다"라고 했다. 하지만 평소에도 태수와 이것저것 대화를 많이 나눴던 미희는 아마도 그때부터 정태수가 사회에 대한 비판적인 시각을 갖게 되었으리라 추측한다.

한창 감수성이 풍부하고 사회적 문제에 눈을 뜨던 시기에 정태수가 운동권 대학생 형들에게서 아무런 영향도 받지 않았다면 그것이 오히려 이상한 일이다. 치료하느라 진학이 몇 년 늦어졌지만 태수는 간혹 텔레비전에 등장하는, 데모하다 전투경찰이나 백골단에 끌려가는 대학생들과 같은 또래의 청년이었다. 그런 청년, 형들이 같은 집에서 대학을 다니고 있었다. 아마도 이후 정태수와 동지가 된 박경석이 증언한 "가슴이 빠개지도록~"으로 시작하는 노래 <의연한 산하>가 태수의 '18번'이 된 것도 이 무렵이었을 것이다.

2

장애인운동을

만나다

1988년 서울올림픽은 예상하지 못했던 나비효과를 한국 사회에 불러왔다. 1980년 5·18 광주항쟁을 피로 물들이며 권력을 잡았던 전두환 정권은 북한과의 체제 경쟁에서 확고한 승리를 선언해야 했다. 또한 비록 군사독재 정권이지만 국제사회에서 대한민국을 소위 정상 국가(?) 반열에 올려놓은 성공한 정부로 평가받고 싶었을 것이다. 그런데 대한민국에 붙은 올림픽 개최국이라는 허울 좋은 수식어는 더는 반체제 인사를 학살하지도,[1] 민중의 민주화 요구에 계엄령을 선포하고 군대를 동원할 수도 없게 하는 일종의 올가미 역할도 하게 되었다.[2]

---

1) 대표적인 예가 1974년 4월 8일 인혁당재건위 사건으로, 8명의 민주인사를 선고 다음 날 바로 사형을 집행한 사건이 있다.

2) 1980년 서울의 봄 당시 전두환 정권은 계엄령을 전국으로 확대했고, 이는 5·18

지금은 해체된 구소련(소비에트연방)이 1979년에 아프가니스탄을 침공하자 미국을 비롯한 서방 국가들은 이에 항의하며 1980년 모스크바올림픽에 불참한다. 이에 소련을 비롯한 사회주의 국가들 역시 1984년 미국 로스앤젤레스올림픽에 불참한다. 세계적인 스포츠 향연이 두 차례 반쪽짜리 행사로 치러진 탓에 서울올림픽은 그야말로 전 세계를 아우르는 지구촌의 축제가 되어야 했다. 또한 군사독재 정권이 주최하는 서울올림픽에 대한 국제사회의 우려와 반감이 상당했기에 한국 정부를 향한 민주화 압력은 더욱 크게 작용했다.

이러한 가운데 1987년 '탁 치니 억하고 죽었다'라는 거짓 발표로 파장이 커진 박종철 열사 사망 사건이 터지자 대학가를 중심으로 분노가 폭발하기 시작했다. 여기에 1980년대 3저(低) 호황[3] 속에 성장한 화이트칼라 중산층이 결합하며 6월 항쟁으로 이어지면서 대통령 직선제를 쟁취한다. 또한 6월 항쟁에 이어 7월에서 9월까지 전국적으로 노동자 대투쟁[4]도 이어졌다.

광주민주화운동으로 이어졌다.

3) 1980년대 후반 저달러, 저유가, 저금리라는 3저 현상으로 인해 한국 경제는 유례 없는 호황을 누렸는데 1986년부터 3년간 연 10% 이상의 고도성장을 이뤘다.

4) 1987년 6월 항쟁 직후인 7~9월 전국에서 벌어진 노동자들의 투쟁을 말한다. 7월 5일 울산 현대엔진노동조합 결성으로 시작된 노동자 대투쟁은 '노동 3권 보장', '저임금을 박살내자' 등을 요구하며 울산, 부산을 거쳐 전국으로 퍼져나갔다. 7월부터 9월까지 발생한 노동자 투쟁은 3,458건으로 하루 평균 30건이 넘는다. 참가 인원은 122만 명을 넘어, 10인 이상 사업체 총노동자 333만 명의 약

올림픽 개최에 따른 패럴림픽 거부 투쟁

1988 서울올림픽은 장애인운동에도 적지 않은 영향을 끼쳤다. 1981년 9월 국제올림픽위원회(IOC) 총회에서 서울이 1988년 올림픽 개최지로 선정되고 패럴림픽으로 불리는 '서울장애자올림픽'도 함께 여는 것으로 결정했다. 이에 따라 한국 정부도 장애인 복지에 최소한의 관심을 보여야 했다.

이미 1975년에 유엔이 '장애인권리선언'을 채택하고 그 후속 조치로 1982년에 장애인에 관한 세계행동계획을 채택했다. 이어 1983년부터 1992년까지 '세계 장애인 10년'을 선포하는 등 장애인 권리 향상에 대한 국제적인 흐름이 이어졌다. 이에 맞춰 전두환 정권은 1981년 4월 20일을 '제1회 장애자의 날'로 정한 뒤 그해 6월 심신장애자복지법을 제정했다. 시민사회 및 장애인계에서도 1980년대 중반부터 한국장애인부모회, 한국DPI,[5] 장애우권익문제연구소, 한국지체장애인협회 등의 단체가 결성되었다.

37%이며, 업종별로는 제조업이 1,827건(55.2%), 운수업이 1,265건(38.2%), 광업 127건(3.8%) 순이었다.

5) 국제장애인연맹(Disabled Peoples' International, DPI)은 1980년 캐나다 위니펙에서 열린 국제재활협회 세계 대회에 참석했던 각국의 장애인들이 집행위원회 과반을 장애인 당사자에게 할당할 것을 요구한 것을 계기로 만들어진 국제조직이다. 한국DPI는 1986년에 결성되었다.

이 시기 한국 사회에는 이러한 전국 단위 단체들 외에 특별히 기억해야 할 두 개의 청년조직이 결성된다. 바로 '울림터'와 '싹틈'이다. 한국소아마비협회가 운영하던 정립회관은 매달 셔틀버스로 서울 전 지역의 초등학교와 중학교를 돌며 소아마비 장애학생들을 태우고 와 사격, 양궁, 수영 등 체육 수업을 진행했다. 이 과정에서 정립회관을 중심으로 밀알, 모닥불 등 자생적 장애청년 동아리들이 생겨나기 시작했다. 여기에 당시 지속해서 문제가 되었던 장애인 입학 거부를 뚫고 대학에 들어가 학생운동을 하던 장애인 대학생들까지 결합하면서 1986년 장애인문제연구회 '울림터'가 결성된다. 더불어 같은 해 12월 서울장애인종합복지관 직업훈련과정 수료생들로 꾸려진 동문회 '싹틈'도 창립한다. 이후 싹틈은 박흥수, 정태수, 박경석 등의 활동가를 배출한다.

1987년 6월 항쟁 이후 12월 대통령 선거를 앞두고 장애인계는 각 정당과의 정책 간담회에서 당시 장애인들의 핵심 요구 사항이었던 장애인고용촉진법 제정, 그리고 허울뿐인 심신장애자복지법 개정을 본격적으로 제기했다. 장애인고용촉진법은 일정 규모 이상의 사업체에 일정 비율 이상의 장애인 고용을 의무화하는 것이 주된 내용이다. 심신장애자복지법은 대부분 '~할 수 있다'는 임의 조항을 '~해야 한다'는 의무 사항으로 바꾸고 장애인들의 생계 및 의료

지원을 확대하며 장애인 등록제를 시행[6]하는 내용으로 개정하자는 것이었다. 올림픽이 열린 1988년 이러한 요구는 '양대 법안 제·개정 투쟁'이라는 이름으로 장애인계에 급속히 확산했다. 더불어 '서울장애자올림픽 거부 투쟁'과 맞물리며 본격화되었다.

당시 서울올림픽은 1980년대 중반부터 대학 운동권과 재야 세력을 중심으로 반민중적이고 반노동자적인 정권이 주최하는 올림픽을 거부하자는 보이콧 투쟁과 분단국인 남과 북의 화해와 평화를 위해 평양과 서울 두 도시에서 공동주최하자고 요구하는 투쟁이 벌어졌다. 하지만 올림픽 보이콧 주장은 당시 여론의 호응을 얻지 못했다. 동구 사회주의권 국가들의 참가를 중요하게 생각했던 정부와 정치권이 남북 공동 개최에 호의적 반응을 보이면서 남북 당국 간 체육 교류를 제안[7]하는 가운데 서울올림픽 반대 투쟁은 결국 흐지부지되었다. 반면에 청년 장애인들의 장애자올림픽 거부 투쟁은 상대적으로 격렬하게 전개되었다.

1988년 3월 28일 서울 강동구 하일동 '보람의 집' 장애인들이 종로 연동교회를 점거한 뒤 장애자올림픽 반대 단식농성을 벌였다. 이어 서울 여의도순복음교회에서 거둔 부활절 예배 헌금이 장애자

---

6) 당시에는 전국에 장애인이 총 몇 명인지 기본적인 통계조차 없던 시기였기에 반드시 필요한 요구였다.

7) 민청련동지회, "'88남북공동올림픽' 운동과 민청련"- 투사들의 이야기, 민청련의 역사 46, 오마이뉴스, http://www.ohmynews.com/NWS_Web/View/at_pg.aspx?CNTN_CD=A0002444398

올림픽 지원금으로 쓰인다는 사실이 알려지자 이를 영세 장애인들에게 나눠 주어야 한다며 20여 명의 장애인이 단식농성에 들어갔다. 이에 울림터를 중심으로 한 장애인 대학생 동아리 전국 연합체인 전국지체부자유대학생연합(약칭 전지대련)도 동조 농성에 들어간다.

이후 수도권 지역 청년 장애인들은 서울경기지역장애인단체협의회라는 연대 기구를 구성하고 4월 16일 양대 법안 투쟁의 최초 대중 집회인 '장애인권익촉진 범국민결의대회'를 명동성당에서 개최한다. 또한 장애자올림픽이 개최되던 10월 15일부터 24일까지 울림터 소속 회원 다섯 명이 명동성당 노상에서 기만적인 장애자올림픽을 거부하며 철야 단식농성을 전개했다.

1987년 6월 항쟁과 6·29선언, 김대중, 김영삼 후보 단일화 무산과 12월 대통령 선거, 그리고 노태우 정권의 탄생 등의 정치적 격변기에서 본격적으로 장애인운동이 독자적인 세력을 형성하고 조직을 꾸리며 투쟁을 준비하던 1988년 2월, 정태수는 동생 희수와 함께 배재고등학교를 졸업하고 교문을 나섰다.

박경석을 만나다

그즈음 태수네 집에 큰 변화가 있었다. 태수의 아버지가 뇌졸중으로 쓰러진 것이다. 이에 맏아들 정근수는 군대에서 제대하자마자 다니던 대학을 그만두고 어머니를 도와 양계업에 뛰어들었다. 태수와 함께 고등학교를 졸업한 셋째 희수는 1년간 재수한 뒤 강원도 춘천에 있는 대학에 입학하면서 집을 떠났다.

스물두 살 늦깎이로 고등학교를 졸업한 정태수는 별다른 방황이나 망설임 없이 직업훈련을 선택했다. 1988년 3월 서울 강동구 고덕동에 있는 서울장애인종합복지관의 직업재활교육 프로그램에 다니기 시작한 것이다. 이 복지관은 우리나라 최초 장애인종합복지관이다. 당시 직업훈련과정은 목공예, 도자기, 수공예, 전산(컴퓨터) 등이었다. 정태수는 이곳에서 이후 가장 든든한 동지가 된 박경석을 만난다. 같은 해 전산과에 입학한 박경석은 전산과가 복지관에 입학한 훈련원생들 가운데 이른바 '엘리트'였다고 강조한다.

"당시에는 장애인복지관이 아니라 장애자복지관이었죠.[8] 거기가 직업훈련 과정을 전국에서 최초로 유일하게 하던 곳이었어요. 저는 고덕동 근처 명일동에 살았고 그 옆 건너편에 태수네 아파트가 있었어요. 공식적으로 태수를 만나 인사한 건 입학식 때였어요. 그 전에 복지관 들어가

---

8) 장애인을 지칭하는 용어는 폐질자나 불구자에서 1981년 심신장애자복지법 제정 이후 장애자로 바뀌었다. 다시 1990년 장애인복지법 개정으로 현재 장애인이라는 용어가 공식적으로 사용되고 있다. 1990년대에 장애인에 대한 친근감을 강조하는 '장애우'라는 표현이 등장하기도 하였으나 장애인운동과 장애인당사자들의 문제 제기로 거의 사라지는 추세이다.

기 위해 상담할 때 목발 짚은 뚱뚱한 녀석이 있어서 좀 인상적으로 보긴 했죠. 고등학교를 막 졸업해서 머리도 짧았고. 전산과 동기가 모두 여덟 명이어서 우리는 우리끼리 8비트[9]라고 불렀어요. 뇌병변장애인이 셋, 소아마비 넷, 그리고 척수장애인 하나. 태수는 양손에 목발을 짚었죠. 다른 소아마비 학생들은 다들 목발 없이 걷는 경증이라 태수가 소아마비 장애인 중에는 제일 중증이었죠." (박경석)

수공예과는 장애 여성들이 주를 이루었고, 목공예, 도자기 등과 함께 모두 손을 쓰는 직업훈련과정이었다. 반면 전산과는 그래도 영어 알파벳 정도는 알고 있어야 했기에 그나마 교육을 조금이라도 받은 장애인이 들어올 수 있었고 다른 반보다 인원도 가장 적었다. 박경석은 대학에 다니던 중 행글라이더 사고로 척수장애를 입었고 박경석 외에도 대학에 다녔던 이가 전산과에 한 명 더 있었다고 한다.

"저는 다치고 나서 5년 동안 집에만 있다가 나왔어요. 복지관에 와서 우리나라에 장애인들이 이렇게 많다는 사실에 놀랐고, 뇌병변장애인을 처

9) 비트는 컴퓨터 정보처리 단위이다. 1970~80년대의 초창기 PC와 닌텐도 같은 게임기들이 8비트였으나 1980년대 중반부터는 성능이 급격히 향상되면서 16비트, 32비트 컴퓨터가 주류를 이루었다. 그러니 스스로 '8비트'라 칭했다는 것은 20대 장애인 청년들이 가졌을 자조적이면서도 냉소적인 태도가 섞인 표현일 것이다.

음 만나보고 또 놀랐죠. 지금은 장애인 비하 발언이지만 '저런 사람들이 뭘 배울 수 있을까?' 생각했어요. 그때만 해도 뇌병변장애는 지능도 낮을 거로 생각했거든요. 당시 저는 그렇게 장애에 대해 아무것도 모르고 있었는데, 태수는 암흑가의 리더처럼 분위기를 잡으며 사람들에게 다가가는 친구였어요." (박경석)

자신이 보기에는 뇌병변장애인들은 말을 잘 알아듣지 못하는 것 같았는데 정태수는 그들에게 먼저 다가가 말을 걸고 끊임없이 대화를 시도했다고 박경석은 말한다. 박경석과 정태수는 금방 친해졌다기보다는 어쩔 수 없이(?) 가까워질 수밖에 없었다. 오전 9시 등교, 오후 5시 하교를 1년 동안 같이하게 된 것이다.

학생 대부분은 복지관에서 운영하는 셔틀버스를 타고 등하교했지만, 박경석과 정태수는 버스 한두 정거장 정도 거리였던 각자의 집까지 함께 걸어서 다녔다. 내리막이야 수월하지만, 오르막이 나타나면 휠체어를 탄 박경석을 정태수가 힘껏 쭉 밀고 나서 본인은 양팔로 목발을 짚고 휠체어를 따라가는 식이었다. 이 장면을 머릿속에 그려보면 이후 펼쳐지게 될 두 사람의 묘한 인연이 겹쳐진다.

"그때는 복지관에서 집까지가 우리의 세계, 지구의 전부였어요. 처음에는 술 마시러 길동 사거리를 넘어가는 것도 큰맘 먹어야 하는 일이었죠.

어느 날 술자리에서 정태수가 노래를 부르는데 그때 저는 민중가요를 처음 들어봤어요. '가슴이 빠개지도록 사무치는 이 강산에~' 이렇게 시작하는 <의연한 산하>라는 노래였는데, 이제 막 고등학교 졸업한 새끼가 뭐가 가슴에 사무칠 일을 그렇게 겪었다는 것인지. 하하. 나는 해병대까지 갔다 와서 산전수전 다 겪고 장애를 입어서 5년 동안 집안에만 틀어박혀 있다가 나왔는데. 그런 노래를 부르는 태수를 보니 신기했죠."
(박경석)

어느 날 박경석은 동네 약국 앞 가게에서 정태수와 술을 마시다 두어 시간이 넘도록 심하게 논쟁을 벌였다. 당시에는 미처 몰랐지만 지나고 보니 일종의 사상 논쟁, 체제 논쟁이었다고 박경석은 기억한다. 논쟁의 쟁점은 의사와 같은 전문직의 고소득이 정당하냐, 과연 공정하냐는 것이었다. 공부를 아무리 많이 하고 사회적으로 중요한 직업이라 하더라도 의사와 같은 전문직이 다른 노동자들보다 지나치게 소득이 높은 것은 부당한 일이라는 게 정태수의 논리였다. 이에 박경석은 발끈했다.

"우리 형이 의사였는데 우리 형을 욕하는 것으로 들렸어요. 아니, 의사가 되려면 얼마나 공부를 많이 해야 하고, 대학도 훨씬 오래 다녀야 하고, 그러니까 당연히 돈도 더 많이 받아야지 무슨 지랄 같은 소리냐? 기억은 잘 안 나지만 태수는 당시에 어디서 쿠바의 사회주의 의료시스템 같은 걸 주워듣고 이야기를 했던 거 같은데, 당연히 정교한 이론이나 그런 게 있었을 리가 없죠. 하여튼 그날 논쟁은 제가 이겼어요. 하하하." (박경석)

당시 정태수가 말했던 쿠바의 사회주의 의료시스템은 1980년대 한국에 소개되어 1990년대 초 대학가와 운동권에서 큰 조명을 받은 바 있다. 1959년 쿠바 혁명에 성공한 피델 카스트로 정부는 무상 의료를 도입하고 국방비를 55% 삭감해 교육과 의료에 투입했다. 특히 의과대학에 전액 장학금을 지원해 무상교육을 시행하고 가정 의학 전공의를 대거 양성했다. 이에 따라 모든 가정에서 주치의를 두게 되면서 질병 예방과 건강 증진의 획기적인 진전을 가져왔다. 또한 아프리카 등 의료에 취약한 나라나 재해 지역에 대규모 의료 인력을 파견할 정도로 발전했다.

정태수와 박경석의 논쟁이 의사의 고액 임금 혹은 의료 공공성에 관한 것이었다는 사실은 의미심장하다. 전태일 열사의 분신 이후 대학생들은 같은 나이 또래 젊은 노동자들의 저임금과 열악한 노동 현실을 지켜보며 불평등과 사회 부조리에 눈을 뜨고 노동 현장에서 연대하기 시작한다. 이러한 흐름은 1980년대 중반부터 대학을 그만두거나 졸업한 많은 대학생이 조직적으로 노동 현장에 들어가 노동조합을 조직하는 활동으로 이어진다.

정태수가 태수네 집에서 하숙하던 운동권 대학생들에게 어떤 영향을 얼마나 많이 받았는지는 정확히 알 수 없다. 하지만 장애인

복지관 직업훈련과정에 입학할 당시 이미 정태수는 민중가요를 부르고 노동과 시장에서의 공정성, 자본주의의 능력주의와 차별, 불평등 문제에 대해 추상적이나마 최소한의 감각과 감수성을 갖춘 것은 틀림없다.

박흥수의 등장

몸은 불편하지만 혈기왕성한 20대 젊은이들. 현재 직업훈련은 받고 있으나 이후 취업이 불투명하다기보다 암흑 그 자체였던 이들은 오후 5시에 복지관 수업이 끝나면 길동 사거리 감자탕집으로 자주 모여들었다. 4월쯤부터 이들의 술자리를 주도하던 서울장애인종합복지관 직업훈련원 졸업생이 있었다. 박흥수였다.

1960년생인 박경석보다 두 살 위, 정태수보다는 아홉 살 위인 '58년 개띠' 박흥수는 1988년 2월 서울장애인종합복지관 직업훈련원 목공예과를 졸업했다. 당시 그는 1986년 12월에 만들어진 복지관 직업훈련원 수료생 동문회인 '싹틈'의 부회장을 맡고 있었다. 박흥수는 소아마비 장애인으로 양쪽 목발을 짚었고 한쪽 다리 골반 부분이 완전히 펴지지 않아 늘 살짝 들고 다녔다.

그는 서울 영등포의 가난한 집에서 태어나 어릴 때부터 진보적인 천주교 성당[10]을 다니면서 사회문제에 관심을 두게 된 것으로 알려져 있다. 고등 교육을 받지는 못했지만 그는 이미 1987년 6월 항쟁 무렵부터 대학 운동권 출신 장애인들의 영향을 많이 받았던 장애인문제연구회 울림터 사람들과도 교류하고 있었다. 동시에 그는 현장 노동자들과 접촉하면서 당시 운동권을 중심으로 확산했던 마르크스주의나 제3세계 민족해방운동 등 사회과학 이론도 일정 정도 접했던 것으로 추측된다. 이러한 상황에서 1988년 봄부터 자신이 수료한 서울장애인복지관의 싹틈 동문회 후배 장애인들을 조직하기 위해 복지관을 자주 찾은 것이다.

후배들을 조직하겠다는 분명한 목적을 갖고 있던 박흥수를 중심으로 자연스럽게 잦은 술자리가 이어졌다. 다양한 사회 경험을 해본 선배 박흥수의 이야기는 정태수를 비롯한 복지관 신입 장애인들에게 때로는 자신의 이야기로, 때로는 판타지 같은 다른 세상의 일로 다가왔다. 꼬리에 꼬리를 물며 이어지던 이야기들 속에 어떤 결심이나 시도는 때로는 해프닝으로 끝나기도 하고, 작지만 의미심장한 사건을 일으키기도 했다. 박경석이 기억하는 해프닝은 이런 것이다.

<hr>

10) 1970년대 거의 모든 사회단체와 사회운동이 불법화되면서 노동운동과 빈민운동에서 개신교 중심의 도시산업선교회와 천주교 중심의 가톨릭노동청년회 등 교회와 성당을 기반으로 한 진보적 종교단체가 커다란 역할을 했다. 박흥수가 다녔다는 성당도 그러한 곳 중 하나로 추정된다.

“홍수 형이 술을 사주니까 그를 졸졸 따르는 무리가 생긴 거죠. 홍수 형
은 술자리에서 장애자올림픽을 거부한다고 어디를 점거했다가 경찰에
연행당했던 이야기를 훈장처럼 떠벌였죠. 그러면 나는 속으로 ‘아니, 정
부에서 돈 들여 대회를 열어준다는데 왜 반대해?’라고 생각했죠. 하루
는 술을 마시다가 홍수 형인가 태수인가, 점심시간이 되면 복지관 선생
님들은 그냥 밥 먹으러 가고, 담배도 한 대 피우면서 쉬고 그러는데 우리
학생들은 왜 운동장에 모여 국민체조를 하고 밥을 먹으러 가느냐고, 그
런 이야기를 했어요. 여기에 다들 맞장구치면서 이게 국민체조 거부 투
쟁으로 발전한 거죠.” (박경석)

그 당시만 해도 방송국에서 촬영이라도 오는 날이면 ‘날랜 제비
처럼’ 어디론가 사라졌던, 반항적이고 ‘나쁜 장애인’이었던 정태수
와는 반대로 박경석은 도맡아서 카메라 앞에서 고맙기 그지없다는
표정으로 웃으며 포즈를 취하던 ‘착한 장애인’이었다.

박경석은 복지관측이 학생들의 건강을 위해 실시하던 국민체조
를 거부하겠다는 게 영 마뜩잖았다. 또 ‘빨갱이 새끼들이 하는 짓’
같기도 하고, 박흥수와 정태수가 ‘데모하고 싶어서 괜히 꼬투리를
잡는다’라는 생각도 들었다. 결국 박경석은 다음날 전산과 선생님
에게 이 작당 모의를 일러바친다. 하지만 국민체조 거부 투쟁이 해
프닝으로 끝난 것은 전적으로 본인 책임만은 아니라고 박경석은

항변(?)한다.

> "사실 전산과만 거부해서 될 문제가 아니라 목공예과, 수공예과가 다 같이 거부해야 하는 거잖아요. 수공예는 아무래도 장애 여성들이 많았고 그래서 목공예랑 전산이 주축이 되어서 거부하려고 했는데 결정적으로 목공예 학생들을 조직하겠다고 했던 사람이 막판에 참여를 안 하면서 전산과의 태수랑 친한 몇 명만 달랑 남게 된 채 뻘쭘하게 무산되고 만 거죠." (박경석)

이 일로 박경석은 전산과 선생님을 비롯한 복지관 측의 전폭적인 신뢰를 얻었지만, 친한 동료들로부터는 고자질한 대가를 치러야 했다. 한동안 박홍수와 그 무리의 술자리에 '배신자' 박경석은 끼지 못했다.

아무래도 박홍수는 박경석과 다르게 기존 관행에 대한 비판의식을 느끼는 데 그치지 않고, 그것에 항의하는 행동을 몸소 실천했던 후배 태수를 더 아낄 수밖에 없었다. 그리고 정태수는 박홍수가 온몸으로 겪고 두 눈으로 지켜보았을 당시 한국 사회의 현실, 그리고 박홍수가 이야기하는 자본주의의 차별과 불평등, 사회 모순에 대한 비판을 스펀지처럼 빨아들였다.

> "놀아줄 친구들이 홍수 형과 태수, 그 무리밖에 없었고, 아쉬운 건 나니

까요. ‘흥수 형, 미안해’, ‘태수야, 친하게 지내자’ 그러면서 겨우 다시 어울리게 됐죠. 흥수 형은 그때 술만 먹으면 장애는 개인의 탓이 아니라 사회 구조적인 문제라고, 현실을 바꾸려면 사회를 개량하는 게 아니라 변혁해야 한다고 과격한 주장을 했어요. 그의 말이 과격하긴 하지만 어쩌면 맞을지도 모른다고 조금씩 그렇게 물들어갔죠.” (박경석)

1988년 9월에 서울올림픽이 끝나자 곧이어 10월 15일부터 24일까지 서울장애자올림픽이 열렸다. 올림픽과 패럴림픽을 개최지에서 연달아 개최하는 것을 지금은 당연하게 여기지만, 사실 1988년 전까지는 당연한 일이 아니었다. 1980년대 들어 장애인 인권 문제에 대한 관심이 국제적으로 확산하면서 패럴림픽 주관단체인 세계장애인스포츠기구국제조정위원회(ICC)가 국제올림픽위원회(IOC)와 협력을 강화하는 가운데 서울올림픽과 서울장애자올림픽의 동시 개최를 결정한 것이다.

이와 같은 결정은 한국 정부를 꽤 당혹스럽게 했다. 정부는 그럴듯한 패럴림픽을 치르려고 준비했지만, 장애인에 대한 복지 예산 증액 등 장애인 인권의 실질적인 개선은 철저히 외면해왔기 때문이다. 당시 정부는 서울의 대표적인 도시 빈민 주거지였던 상계동을 필두로 남산 해방촌, 관악구 봉천동 등의 판자촌을 강제 철거하고, 도심 주요 도로의 노점상을 무차별적으로 단속했다. 또 ‘범죄 예방, 부랑인 단속’을 명분으로 일반 시민 등을 무차별적으로 불법 납치, 감금한 부산 형제복지원 사건[11]처럼 86아시안게임과 88올림픽을 앞두고 국가는 1980년대 중반부터 전국적으로 빈곤과 장애에 대한 대대적인 '청소'를 자행했다. 이렇듯 이중적이고 기만적인 정부의 태도에 장애인들을 비롯한 도시 빈민들은 당연히 분노할 수밖에 없었다.

한편 서울장애자올림픽에 대한 대중적인 관심은 거의 없었던 듯 보인다. 한 기록에 따르면 폭발적이었던 서울올림픽의 열기와는 달리 패럴림픽에 대해서는 방송사의 생중계도 거의 없이 뉴스에서 하이라이트 정도만을 편집해 보도했고, 간혹 생중계를 하더라도 사이사이 연예 프로그램이나 드라마를 방영해 빈축을 사기도 했다.[12]

---

11) 1975년부터 1987년까지 당시 전국 최대 규모의 부랑인 수용시설이었던 부산 형제복지원에서 부산시에 의해 일어난 인권유린이자 국가폭력, 학살 사건이다. 특히 1980년대 초중반에 단속이 극심했다고 알려져 있으며, 2022년 진실화해위원회가 국가에 의한 중대한 인권침해를 인정했다.

12) '1988 서울 패럴림픽'에 대해 나무위키, 두산백과사전 등에서는 대회 기간 연인원 60만 명의 관객을 동원하고 장애인에 대한 인식이 획기적으로 개선된 성공적인 행사로 평하고 있지만, 서울올림픽에서도 비인기종목에서는 중고등학생들이 거의 반강제로 동원되었다는 점에서 신뢰하기 어려운 평가다.

첫 번째 농성, 그리고 삭발

서울패럴림픽 개최 반대 투쟁에 참여했던 박홍수와 그를 따르던 이들이 국민체조 거부 투쟁에 실패한 이후 그해 여름과 가을을 어떻게 보냈는지 자세히 알 수는 없다. 아마도 이전의 일상처럼 매일 오전 수업을 마치면 국민체조를 한 뒤 점심을 먹고 수업이 끝나면 술자리에 모여 그 시대 젊은이로서 실낱같은 삶의 전망과 장애인으로서의 돌덩이처럼 무거운 체념을 안주 삼았을 것이다.

패럴림픽이 개최되기 일주일 전인 1988년 10월 8일, 탈주범 지강헌이 동료 수감자들과 함께 서울 도심 한복판에서 인질극을 벌이며 '무전유죄, 유전무죄'를 외친 사건이 한국 사회에 충격을 가했다. 11월부터는 대학가를 중심으로 '전두환, 이순자 구속 국민대회'가 열렸고, 국회에서는 5공화국 비리 청문회가 공중파를 통해 생중계되면서 노무현이라는 스타 정치인이 배출되었다. 전두환은 11월 말 강원도 백담사로 가서 은둔에 들어간다.

1987년 6월 항쟁과 직선제 개헌, 김대중 김영삼의 후보 단일화 실패와 노태우 당선, 그리고 5공 비리 청산 청문회 등 당시 정국은 롤러코스터처럼 요동쳤다. 그리고 1988년 12월 초 당시 집권당이던 민주정의당과 김대중의 평화민주당, 김영삼의 통일민주당, 김종필의 신민주공화당 등 야당 모두 장애인 고용촉진과 관련된 법안을 발표하면서 장애인계의 양대 법안 투쟁이 본격화되기 시작했다. 그리고 1989년 2월.

"직업훈련 1년 과정을 수료했지만, 우리 중에 변변히 직장에 취업한 사람은 없었어요. 태수가 전산과에서 공부는 제일 못했는데 취업은 제일 먼저 했죠. 공부를 가장 잘했던 친구는 뇌병변장애인이었는데 장애가 그리 심하지 않아서 걸어 다닐 수도 있고 의사소통도 약간 가능했죠. 제가 2등이었고, 나중에 고등학교 전산 선생님이 된 친구가 3등. 3등을 했던 그 친구는 눈이 너무 높아서 취업이 늦었고, 1등이었던 친구는 집이 잘살아서 나중에 유학 갔고. 근데 태수가 사회주의 혁명을 위해 위장취업[13]을 한 거라고 하기도 했어요. 흥수 형이 꼬셔서 성수동에 있는 구두 수선하는 마찌꼬바[14]에 취업한 거예요." (박경석)

정태수의 위장취업 혹은 첫 직장생활은 석 달을 채 넘지 못했다. 현장에서 장애인운동 활동가를 조직하기 위해 마찌꼬바에 위장취업을 했다고 한들, 생업을 위해 구두 수선 노동에 뛰어들었다고 한들 둘 다 만만치 않은 일이었다. 당시 서울장애인종합복지관의 취

---

13) 대학 운동권 학생이 노동현장에 들어가기 위해서는 학력을 고졸, 또는 고등학교 중퇴나 중졸 등으로 속여야 했다. 그런 의미에서 대학생들의 현장 투신을 위장취업이라고 했지만 이후 사회운동의 연장선에서 조직화를 위해 현장에 들어가는 모든 활동을 지칭하게 되었다.

14) 일본 말로 작은 공장(まちこうば, 町工場)이라는 뜻. 한국에서는 주로 2~3명 정도 노동자가 좁고 영세한 작업장에서 수공업을 하는 곳을 지칭한다.

업 알선은 그야말로 실적 부풀리기 그 이상도 이하도 아니었다.

> "수공예 선생님도 장애인이었는데, 장애인이 복지관 선생님이면 당시로
> 는 성공한 장애인이었죠. 그런데 학생들 취업 알선이라는 게 사실 돈 얼
> 마 주고 장애인 학생들을 넘기는 거예요. 무슨 근로계약서도 없고, 최저
> 임금도 없던 시절에 가내수공업 같은 데 가서 6개월 일하고, 온갖 허드
> 렛일을 하면서 한 달에 5만 원도 못 받고. 그러다가 그만두면 장애인이
> 라서 인내심이 없다고 그러고." (박경석)

당시 서울장애인종합복지관 직업훈련원은 공식적으로 40%에 가까운 취업률을 자랑했다. 이러한 높은 실적은 곧 예산을 끌어올 명분이었다. 노동시장에서 장애인 노동자가 받게 되는 부당한 처우와 차별은 모두 당사자의 노력과 인내심 부족이자 부적응으로 치부되었다. 싹틈 회장이 된 박홍수와 수료 후 싹틈 조직부장을 맡은 정태수, 홍보부장을 맡은 박경석은 이런 문제를 그냥 넘길 수 없었다.

싹틈의 간부였던 이들은 4월에 예정된 장애인고용촉진법, 장애인복지법 등 양대 법안 투쟁을 앞두고 있었다. 셋은 정립회관에서 열린 사전 결의대회에 가서 자기들끼리 구호를 외치고 팔뚝질을 해보는 '데모 예행연습'을 할 정도로 이미 운동권 물이 들었다. 싹틈 조직원으로서의 멤버십도 갖춰진 때였다. 당시 싹틈은 지금의 프

린터와 복사기의 조상 격이라 할 등사기로 정기 소식지도 발행하
고 있었다.

"복지관 수료생들이 취업해서 받는 게 차별인지, 자기 탓인지, 아니면 부
당한 대우인지, 이런 고민을 받아주는 존재가 흥수 형과 태수였어요. 그
러던 중에 제가 '우리, 실태조사를 한 번 해보자' 그랬죠. 내가 소식지 담
당이었으니까 실태조사를 해서 소식지에 싣자고 했죠." (박경석)

수료생을 대상으로 한 실태조사는 별 어려움 없이 진행되었다.
복지관 측이 발표하는 수료생 취업률이 부풀려진 허상이라는 것이
밝혀졌다. 그리고 그 결과를 소식지 4호에 담았다. 하지만 소식지
를 만드는 것은 고된 작업이었다. 왁스로 코팅된 등사지에 철필로
글자를 쓰고 등사기에 올려놓은 뒤 잉크를 묻힌 롤러를 한 번 밀면
1장이 인쇄된다. 달랑 10쪽 소식지 100부를 제작하려면 1천 번, 200
부를 제작하려면 2천 번 롤러를 굴려야 한다. 그런 수작업 끝에 소
식지가 드디어 완성되었다.

"서울장애자종합복지관을 통해 전문적인 직업훈련의 기회를 가진 혜택 받
은 동문들 속에서도 아직도 높은 실업률과 이직률에 시달리고 있으며 취업
된 동문들 중에 42.9%가 전문적으로 배운 기술과 상관없는 곳에 취업한다
는 사실을 복지관에서 교육하고 있는 직업훈련 내용의 효율성과 장애자 취

업과 연관된 사회구조적 모순에 대하여 심각한 의문을 가지지 않을 수 없고 더 나아가 훈련직종에 대한 문제를 생각하지 않을 수 없는 것으로 판단된다.

(중략)

실질적인 취업과 사후지도에 좀 더 노력해주길 바라며 직종에 대한 연구와 아울러 직업훈련과정에서 좀 더 알차고 현실에 맞는 교육과 복지관 생활에서 느끼는 직원들과의 불신감과 비인격적인 태도로 인한 거리감의 원인을 일소하는 데 노력해야 할 것으로 생각된다."

– 〈싹틈 소식지〉 4호 중에서

"작업을 마치고 동문회 방에서 술을 마신 뒤 집에 갔어요. 그런데 다음날 동문회 방에 갔더니 우편 발송을 하려고 모아둔 소식지가 싹 다 사라진 거예요. 복지관 직업훈련 부장인가가 어떻게 알았는지 문을 따고 들어와서 다 들고 간 거였죠." (박경석)

당시 온건파였던 박경석은 내심 복지관 측에 왜 그런 걸 훔쳐 가서 문제를 만드느냐고 항의하고 소식지를 돌려받으면 끝날 일이라고 생각했다. 하지만 강경파인 박흥수와 정태수의 생각은 달랐다.

"강력하게 투쟁해야 한다!"

"점거농성에 들어가자!"

앞서거니 뒤서거니 박흥수와 정태수가 의견일치를 보자 싹틈은 곧바로 점거농성 조직을 결정한다. 박경석도 차마 농성에서 빠질

수는 없었다. 태수는 전산과와 목공예과를 중심으로 서른 명이 넘는 농성자, 열두 명의 철야 농성자를 재빨리 조직했다.

> "졸업한 지 1년도 채 안 됐는데, 선생님들 앞에서 농성하는 게 얼마나 불편해요? 그런데 과격파들이 '농성만이 답이다!'라고 해요. 당시 농성이라고 해봐야 그냥 식당 앞 로비를 점거, 아니 점거도 아니고 로비에 그냥 판을 깐 거죠." (박경석)

농성에 돌입한 날 참가자는 9명이었다. 오전 10시 30분 침묵시위를 시작으로 성명서를 배포하고 싹틈의 입장을 적은 대자보를 부착했다. 농성을 시작하면서 정태수는 또 한 번 박경석을 깜짝 놀라게 했다. 집행부와 상의 한 마디 없이 삭발을 하고 농성장에 나타난 것이다. 장애인 노동권에 대한 정태수의 결기를 보여주는 행동이었다. 박경석은 내심 다들 정태수의 결의에 따라 삭발하자고 할까 봐 걱정이 이만저만이 아니었다. 다행히(?) 그런 일은 벌어지지 않았지만 정태수의 삭발 결기에 맞춰 결국 농성은 5일간 이어졌다.

> "하나, 서울시장은 일련의 사태에 공개적 사과하라!
>
> 둘, 장애자고용촉진법을 즉각 제정, 시행하라!
>
> 셋, 전시적이고 행정적인 복지정책을 즉각 철폐하라!
>
> 넷, 복지관은 자립장을 즉각 설치하라!

다섯, 복지관은 취업전담부서를 즉각 설치하라!"

– 〈싹틈 소식지〉 5호 중에서

"태수가 삭발한 것을 보고 '이거, 장난이 아니네' 했죠. 나는 항의 한 번 하고, 소식지 돌려받으면 끝날 거로 생각했는데. 그때 복지관의 공식 사과, 소식지 반납, 그리고 서울시장 면담을 요구로 내걸었어요. 지금 생각해도 복지관 관장한테 서울시장 면담을 요구한다는 게 참, 하하하." (박경석)

농성 3일 차인 8월 9일 복지관에서 대화를 제안해왔다. 이미 예정되어 있던 다른 단체와의 연대투쟁을 잠시 보류하고 다음 날 협상에 들어갔다. 박흥수와 정태수는 점거농성 협상 자리니만큼 붉은색 머리띠를 매야 한다고 해서 박경석을 다시 한번 당황하게 했다. 당연히 협상 분위기가 좋을 리 없었다. 박경석은 그날 밤 복지관 선생님을 몰래 만나 일이 잘 마무리되길 부탁하기도 했다. 결국 애당초 무리였던 서울시장 면담 건은 복지관장이 건의해보겠다는 수준에서 답을 듣고 공식 사과와 소식지를 돌려받는 차원에서 농성은 8월 11일에 성공적으로 마무리되었다.[15]

---

15) 1989년 7-8월호로 발간된 〈싹틈 소식지〉 5호에는 농성일지가 담겨 있는데 마지막 날인 8월 11일 농성 5일 차에는 '합의문 낭독', '복지관측 서면 사과 표명', '농성 소감 발표'에 이어 마지막 순서로 '기념촬영'이 기록되어 있어 당시 농성

서울장애인종합복지관 점거농성 투쟁의 승리는 내부적으로 복지관 학생들이 싹틈 동문회를 중심으로 결집하게 하면서 한동안 노동 상담이 진행될 만큼 싹틈 활동이 활성화하는 계기가 되었다. 당연히 복지관에서 싹틈의 영향력도 커졌다. 외부적으로도 당시 장애우권익문제연구소에서 발간하던 <함께걸음>[16]과 장애인계 전문 언론 기자들이 농성장에 취재를 나올 정도로 장애인계에서도 제법 주목받았다.

> "그 농성이 결국 장애인 노동의 문제잖아요. 나중에 생각하니 태수의 삭발은 태수가 얼마나 이 싸움을 진지하게 대하고 있나 하는 것을 보여주는 것이었어요. 지금 장애인 노동권 문제도 그렇고 이후에 태수가 했던 활동을 생각해봐도 태수에게 노동은 정말 중요한 것이고, 이 싸움도 분명히 의미심장한 투쟁이었던 셈이죠." (박경석)

<싹틈 소식지> 5호에 농성에 대한 평가가 실렸다. 전반적인 성과와 함께 농성의 사전 준비가 미흡했고 집행부 조직체가 허술했다는 점, 그리고 여러 시행착오에 대한 미숙함을 지적했다. 동시에 좀 더 '변혁 운동에 입각한 확고한 운동성과 연대투쟁'의 필요성도

참가자들의 성취감을 엿볼 수 있다.
16) <함께걸음>은 장애인계의 월간지.

서울장애인종합복지관 측이 자신들에게 불리한 내용이 담겼다는
이유로 어렵게 발행한 〈싹틈 소식지〉를 압수해 갔다. 이에 싹틈 동
문회 측은 복지관 로비를 점거하고 5일간 항의농성을 진행했다. 정
태수 열사는 첫날부터 삭발을 하고 나타나 동료들을 놀라게 했다.

언급했다. 무엇보다 장애인고용촉진법 제정과 심신장애자복지법 개정 등 양대 법안 투쟁을 청년 장애인운동 단체에서 강력히 펼쳐 나가던 시기에 장애인 노동권 문제를 싹틈이 제기했다는 점은 작지 않은 역사적이고 상징적인 투쟁이었다.

본격적인 학습과 투쟁

그 무렵부터 정태수는 장애인운동에 흠뻑 빠져들었다. 1980년대 후반은 일명 '삐삐'라고 불리던 무선호출기가 의료진이나 119 구급대원을 넘어 일반인들에게 점차 보급되던 시절이었다. 아주 드물게 휴대전화를 들고 다니면 사장님이나 연예인 취급을 받았다. 정태수의 어머니는 대학을 그만두고 사업 일선에 뛰어든 맏아들이 안쓰러웠는지 모토로라 제품의 휴대전화를 사줬다. 크기가 만만치 않아서 이른바 '벽돌폰'으로 불리던 전화였다. 그런데 정근수는 온종일 연락도 잘 되지 않고 외박을 일삼는 동생 태수와 그런 장애인 아들을 바라보며 노심초사하던 어머니를 생각해 태수에게 자신의 휴대전화를 넘겼다. 장애 때문에 공중전화를 이용하기 어려웠던 정태수는 몇 년 동안 이 휴대전화를 조직 활동 등에 사용했다.

장애자올림픽 거부 투쟁을 마무리한 진보 장애인운동은 1989년 장애인고용촉진법 제정과 심신장애자복지법 개정, 양대 법안에 관한 투쟁을 준비하고 있었다. 이러한 흐름 속에서 장애인문제연구회 울림터의 선배들과 싹틈의 박흥수 등은 투쟁의 주력을 만들기 위해 후배들과 언더그룹[17]을 꾸리고 세미나를 진행했다. 그 세미나에서 울림터 출신 이상호는 정태수와 처음 만난다.

> "세미나 전에도 여기저기서 얼굴도 보고 그랬던 것 같은데, 당시는 태수나 나나 낯을 가리는 성격이어서 금방 친해지지 않았죠. 흥수 형은 나중에 1년 넘게 같이 자취하면서 친해졌는데 그때 태수와 흥수 형이 아주 깊은 인간적 교류랄까 동지로 보였죠. 그때 이미 태수는 장애인운동 활동가로 살 결심을 하고 있었던 것 같았어요." (이상호)

정태수와 같은 소아마비 장애인이었던 이상호는 중학교 때부터 정립회관을 다녔다. 1970~80년대에는 대학입시에서 의과대 등을 중심으로 심심치 않게 장애인 입학 거부 문제가 발생해 사회 문제화되었다. 또한 입시에서 장애 중고등학생들의 체육시험 점수 문제가 이슈화하기도 했다. 고등학교와 대학 입시에서 장애학생은 체육 시험 점수와 체력장 점수가 발목을 잡아 수능 성적이 좋음에

---

17) 1970~80년대는 공개적이고 대중적인 조직의 결성 자체가 불법화되고 탄압받던 시기였다. 언더그룹은 이 당시 사회운동에서 비합법 조직을 일컫는 말로 서클이나 학생회같이 공개된 대중조직을 지도하거나 대중조직에서 공개적으로 활동할 운동가를 양성하는 역할을 했다.

도 낙방하는 일이 비일비재했기 때문이다.

정립회관은 소아마비 감염으로 다리를 저는 한국 최초의 장애여성 의사 황연대가 주도해 1975년 설립했다. 한국소아마비협회가 운영하는 정립회관은 바를 정(正), 설 입(立)이라는 이름에서도 알 수 있듯이 소아마비 장애인의 재활을 위해 만들어졌다. 정립회관 현판을 박정희 전 대통령이 써줬다는 것에서 초기 운영진이 당시 군부독재 정권과 가까웠음을 알 수 있다. 정립회관은 당시 소아마비 학생들의 입시 문제와 관련해 교육부로부터 체육수업 일부를 위탁받아 서울 지역 등의 장애 학생들을 매달 버스로 실어 날랐다. 장애 학생들은 한 달에 한 번 정립회관에 모여 사격, 양궁, 수영, 줄다리기 등의 체육 프로그램을 진행했다. 이에 따라 많은 소아마비 중고등학생들이 정립회관에 모여들었다.

"정립회관에 가면 그야말로 그 어려운 대학입시, 대학의 입학 거부까지 뚫고 대학에 간, 장애 청소년들에게는 전설 같은 대학생 형, 누나들이 있었어요. 그런데 그런 전설 같은 형들이 대학을 나와 봤자 어차피 할 일이 없으니까 매일 낮술 먹고 취해 있고, 연애하다가 상대 집안 사람에게 두들겨 맞아서 멍들어 있고. 그런 것을 보니까 사회 비판적인 의식이 생길 수밖에 없었죠. 그런 때 대학에서 운동권 활동하던 형들이 후배 장애인을 조직해서 단체를 만들었는데 정립회관 고등부 모임 밀알 출신들이 주축이 된 장애인문제연구회 울림터예요." (이상호)

이상호는 1988년에 울림터에 가입한 뒤 1989년부터 본격 활동을 시작하며 세미나를 제안받았다. 당시 대다수의 언더그룹이 그러했듯이 마르크스 사회주의 이론이 주교재로 쓰였다. 하지만 본인에게도 정태수에게도 급진적인 이론이 그리 크게 와 닿지는 않았다. 혹자는 당시 장애인운동의 이론은 노동해방의 '노동'을 '장애'라는 단어로 바꾼 것에 지나지 않았다고 말하기도 한다. 실제로 그 지적이 옳든 그르든 정태수를 비롯한 당시 청년 장애인들은 당장 눈앞에 펼쳐진 처참한 장애인의 현실적 문제, 그리고 장애해방과 노동해방을 향한 실천이 주요 관심사였다.

한편 '이미 장애인운동 활동가로 결심'한 듯 보였다는 이상호의 증언과는 달리 정태수는 약간 혼란스러운 행보를 보였다. 한편으로는 1989년 상반기 싹틈 농성이 마무리된 후 11월 양대 법안 투쟁에 적극적으로 참여하기도 했지만, 한편으로는 박경석의 제안으로 한동안 재수학원에 적을 두기도 했다.

"정립회관에 홍수 형이 데리고 가서 구호 연습을 시키더라고요. 싹틈에서 동문을 조직해서 가는데 태수랑 나랑 앞에서 구호를 외치고 그래야 하지 않겠냐고. 아휴, 운동권 대학생들 앞에서 팔뚝질하고 구호를 외치고 선동하려니까, 지금은 자연스럽게 하지만 그때는 진짜 못하겠더라고요. 그때만 해도 저는 체질상, 생리에 맞지도 않았고, 이런 걸 꼭 해야 하나? 그런데 정태수는 그냥 자연스럽게 하더라고요." (박경석)

싹틈이 소식지 문제로 농성에 들어가기 전인 1989년 3월 정립회관에서는 울림터와 삼육동우회, 싹틈 등이 모여 서울경기지역장애인단체협의회가 꾸려진다. 정태수와 박경석이 박흥수의 지휘에 따라 선전 선동을 연습하던 시기도 이 무렵이다.

한편 당시 장애인계는 양대 법안 제·개정을 위해 빠르게 움직이기 시작했다. 1989년 4월 16일 서울경기지역장애인단체협의회가 중심이 되어 '기만적인 복지정책 규탄 및 400만 장애인 인권 쟁취 결의대회'를 열었다. 같은 해 8월에는 심신장애자복지법 개정과 장애인고용촉진법 제정에 관한 장애인계 최종안을 확정했다. 또한 전지대련은 9월 30일부터 정립회관에서 수련회를 열고 양대 법안 쟁취를 위해 야당 당사 점거농성을 결의했다. 10월 28일에는 양대 법안 투쟁을 위해 더 넓은 범위의 장애인계 단체들을 포괄하는 '양대법안공동대책위원회'(약칭 양대법안공대위)를 결성하고 10월 30일부터 11월 9일까지 야당 당사 세 곳에서 순차적으로 점거농성을 벌였으며 마지막 공화당사에서는 단식농성을 진행했다.

다음은 당시 전지대련이 각 당사 점거농성에 들어가며 내놓은 성명서에서 발췌한 내용이다.

"지금 이 순간 이 땅 한반도의 구석, 구석에서 노동자가 되고 싶어도 노동의 권리가 말살돼 있고 엄연히 세금을 내는 이 나라의 국민이건만 헌법과 법률이 보장한 국민의 최소한의 권리마저 빼앗긴 국민 아닌 국민, 인간 아닌 인간으로 처절한 삶을 살고 있는 400만 장애인의 분노를 직시하며 우리는 점거농성에 돌입한다.

경제활동이 가능한 장애인의 80% 이상이 실업에 시달리고 있으며 그나마 취업장애인의 90% 이상이 최저생계비에도 미치지 못하는 저급한 직종에 종사할 수밖에 없는 상황이며, 비교적 안정된 직업을 가진 장애인은 400만 중 1%에도 못 미치는 실정이다. … 이제 수차례의 대중집회와 공청회를 통해 우리의 주장을 알린 바 있는, 400만 장애인의 생존권이 달린 장애인 의무고용화 법률인 장애인 고용 촉진법 제정과 장애인의 인권 확보를 위한 기본법인 심신장애자복지법 개정에 있어, 장애인의 현실을 통한 장애인의 입장이 반영되지 않는 관 주도의 객관성을 상실한 기만적인 법안을 단호히 거부하며, 진정 장애인 현실 제반 여건에 맞는 실효성을 갖춘 법 제정 및 개정이 되어야 할 것이다.

5공 청산 등 현 민주화운동도 중요하지만 민중의 절대 생존권이 달린 문제 등을 외면하였을 시에는 진정 민생을 위한 정당한 노력을 다했다고 볼 수 없다. 만약 우리의 주장이 관철되지 아니할 때에는 우리 5000 전지대연은

400만 전 장애인과 더불어 끝까지 투쟁할 것을 천명하는 바이다."[18]

　1989년 당시는 88년 치른 총선에서 여당인 민주정의당이 참패하고 야권 3당이 다수를 이룬 여소야대 정국이었다. 따라서 양대 법안이 통과하기 위해서는 야당들의 확답을 받아내는 것이 중요했다. 양대법안공대위를 구성했지만 해를 넘기기 전에 야권 3당에 대한 압박이 필요했다. 이에 전지대련을 중심으로 울림터와 싹틈 등의 조직이 순차적 점거와 동시에 단식농성에 돌입했다. 김대중의 평화민주당사 2박 3일(10월 30일~11월 1일), 김영삼의 통일민주당사 1박 2일(11월 2일~3일)에 이어 상대적으로 야당 색이 옅었고 양대 법안에 동의하지 않았던 김종필의 신민주공화당사에서는 4박 5일(11월 4일~9일)간 농성을 진행하게 된다.

"1989년 말에 어쨌든 끝을 봐야 하니까 단식까지 한 거죠. 공화당사 들어갈 때는 평민당과 민주당 들어갈 때보다 저항이 있어서 농성 들어가면서 좀 얻어맞기도 했지만, 아무래도 정치인들이 장애인을 때리고 그러는 게 모양이 좋지 못하니까 농성 자체를 못하게 하지는 않았죠. 그때 태수는 단식 6일 차인가 몸이 안 좋아져서 실려 나갔어요. 나는 끝까지 했고." (이상호)

18) '전지대련 야당당사 점거농성 돌입', <함께걸음>, 1989. 11. 13.

1989년 11월 신민주공화당사를 점거하고 장애인고용촉진법 제정
·심신장애자복지법 개정을 요구하며 단식농성을 진행했다(왼쪽 첫
번째가 정태수 열사, 세 번째가 최옥란 열사의 모습).

"나중에 단식농성 이야기하면서 태수가 그러더라고요. 남들은 며칠만

굶어도 살이 쭉쭉 빠져서 홀쭉해 보이는데, 나는 5일을 굶어도 티가 안

나서 열받았다고요. 하하. 태수가 원래 통뼈에 덩치가 좀 있었거든요."

(김종환)

1987년 울림터에 가입했던 최옥란 열사[19]도 단식농성에 함께했

---

19) 울림터 회원으로 이후 1990년대 정립회관 정상화 활동, 2000년대 장애인 이동
　　권 투쟁 등에 참여하며 최저생계비 현실화를 위한 명동성당 농성에도 참가하
　　는 등 활발하게 활동하다가 정태수 열사의 죽음의 슬픔과 충격이 가시기도 전
　　인 2002년 3월 26일 세상을 등졌다.

다. 11월 9일 농성을 끝낸 뒤 11월 11일 양대법안공대위원회가 여의도 국회 앞에서 '심신장애자복지법 개정과 장애인고용촉진법 제정을 위한 400만 장애인 총결의대회'를 개최하며 정치권을 압박했다. 이 결의대회에는 당시로서는 '깜짝 놀랄 만한' 2,000여 명이 넘는 장애인이 참가했다.

"사실 1988년 4월 명동성당 집회 때부터 양대 법안 투쟁 이슈를 터트렸고, 그 후로 계속됐던 투쟁이 일종의 결실을 보게 된 거죠. 전지대련이라는 단체가 그 전에는 장애인 대학생들이 모여 체육대회나 하던 조직이었어요. 그런데 울림터가 중심이 되어 사회복지학과나 특수교육학과 학생회 등을 조직하면서 1년 넘게 준비했던 거예요. 지금이야 2,000명이면 별거 아니지만, 그때는 지금처럼 버스나 지하철을 탈 수도 없고 장애인들이 이동할 수단이 아무것도 없었잖아요. 그때 모인 2,000명은 수단과 방법을 가리지 않고, 심지어 대학 학생처 유리창을 깨거나 학교 버스를 탈취하다시피 해서 모인 장애인 대학생들도 있었죠." (이상호)

저상버스도, 지하철 엘리베이터도, 장애인콜택시도 없었던 그때 수단과 방법을 가리지 않고, 모든 방법을 동원해 모인 2,000여 명의 청년 장애인들. 이들의 투쟁의 결과로 12월 11일 심신장애자복지법 개정안이 장애인복지법으로 명칭을 바꿔 국회 본회의를 통과했다. 이어서 12월 16일 장애인고용촉진법도 국회 본회의를 통과했다. 사회적으로 부끄럽고 숨어 지내야 했던 당시 분위기에서 자신의 존재를 드러내고 떳떳하게 사회 구성원으로서의 권리를 요구해 쟁취했다는 점에서 양대 법안 투쟁은 장애인운동에서 획기적인 전진이었다.

양대 법안 투쟁은 대외적으로는 대단히 성공한 투쟁이었고 분명하게 승리를 거두었지만, 한편으로는 내상도 있었다. 당시 단식농성에 돌입했던 전지대련을 비롯한 서울경기지역장애인단체협의회 소속 청년 장애인들은 장애인 의무 고용률 6%를 마지노선으로 내걸고 투쟁했다. 하지만 명망가 중심으로 구성되었던 양대법안공대위 지도부가 독단적으로 정치권과 합의하면서 법안은 의무 고용률을 1~5% 범위로 한다고 포괄적으로 명시한 채 국회를 통과한 것이다.[20]

"일종의 배신을 당한 셈이죠. 그런데 믿고 따랐던 선배들에게 배신당했다고, 뒤통수를 맞았다고 어디에다 대고 하소연하기도, 밖에 내놓고 말하기도 어려운 창피한 일이잖아요. 단식농성을 마치니까 몸을 추스르라고 선배들이 울림터 사무실이 있던 암사동 근처 귀빈여관인가에 방을

[20] 이마저도 법 제정 후 시행령 입법 과정에서 한국경영자총협회 등의 거센 반대로 결국 장애인 의무 고용 대상은 노동부의 100인 이상에서 300인 이상 사업체로, 법에서 1~5% 범위만 정해졌던 의무 고용률은 2%로 확정되었다. 25년이 훌쩍 넘은 2026년 현재 장애인 의무 고용률이 상근근로자 50인 이상 업체에 공공부문 3.8%, 민간부문 3.1%란 점은 장애인 노동권의 현주소를 보여준다.

잡아줬어요. 단식 끝나고 바로 술 먹으면 안 되는데 그 소식을 듣고 태수랑 술 마시며 울었던 기억이 나요. 그때부터 태수는 저런 선배들과는 다른 길을 가야겠다고 생각했던 것 같아요." (이상호)

다른 측면에서 보자면 양대 법안 투쟁 과정에서 겪은 지도부의 배신과 내상은 청년 장애인 운동가들에게 변혁적 장애인운동 조직의 필요성을 새삼 일깨운 계기가 되었고, 이 씨앗은 얼마 지나지 않아 싹을 틔우게 된다.

이 당시 울림터와 싹틈 활동가들이 함께 농성에 참여했던 것과 달리 박홍수는 생계를 위해 다시 생업 전선으로 돌아가 있었다. 이듬해인 1990년 1월 22일 노태우와 김영삼, 김종필의 야합, 3당 합당으로 거대 보수여당인 민주자유당(민자당)이 탄생하면서 정치권은 또 한 번 요동쳤다. 그 무렵 정태수는 박경석의 권유 반, 강요 반으로 재수학원에 등록했다.

싹틈 동문회의 야유회 모습.

장애인운동 활동가의 길

중학교 때부터 실업계 고등학교 진학을 고민했던 정태수. 고등학교를 졸업하고 대학 대신 장애인복지관을 선택했던 그가 왜 뒤늦게 대입 재수학원에 등록했을까? 정태수가 참여했던 양대 법안 투쟁과 야당 당사 점거농성 등을 주도했던 그룹은 대학 운동권의 영향을 많이 받았던 장애인문제연구회 울림터를 비롯하여 전지대련, 서울경인지역 사회복지학과 대표자협의회, 전국특수교육과학생회연합 등 아무래도 대학생들이 주축이 된 조직들이었다. 그리고 장애인고용촉진법 제정 과정에서 조직의 리더들에게 뜻하지 않은 뒤통수도 맞았다. 아마도 이런 과정에서 정태수는 뒤늦게라도 대학 진학에 대해 잠시 고민했을 것이다.

"내가 태수를 꼬셨죠. 1년만 열심히 해서 대학 가면 사회에서 대접도 달라진다고요. 물론 운동도 해야 하지만 대학생이면 운동권 리더도 될 수 있고요. 같이 대학에 가자고 철석같이 약속하고 강동구 길동에 있던 학원에 같이 등록했어요. 그리고 매일 같이 다녔죠.” (박경석)

하지만 박경석과의 약속과 달리 채 반년도 지나지 않아 정태수는 다시 현장으로 걸음을 옮겼다. 1990년대 내내 사회적으로 큰 파문을 불러왔던 시설 비리 투쟁의 신호탄, 정립회관 비리 문제가 터진 것이다.

정립회관 점거농성과 장청의 출범

한국소아마비협회가 운영하는 정립회관의 비리 문제는 퇴직한 직원 3명이 퇴직금을 받지 못하면서 드러났다. 당시 정립회관에는 직원 32명이 있었으며 한 해 6억 원 정도의 예산이 집행되고 있었다. 1990년 4월 정립회관 직원들이 이사회 앞으로 퇴직 적립금 등의 유용에 대해 이사장의 공개 사과를 요구하는 서한을 보내면서 문제가 불거지기 시작했다. 이후 정립회관 내 장학 기금의 증발, 법인 소유 부지의 헐값 매각을 통한 차액 착복, 시공사와의 유착에 따른 체육관 부실 공사, 수영장 운영 수입 증발, 회계 장부 조작 등 수많은 비리가 드러났다.

그 비리의 중심에는 부부 사이였던 정립회관의 황연대 관장과 한국소아마비협회의 정은배 상임이사가 있었다. 특히 본인도 소아마비 장애인이었던 황연대 관장은 청와대와 각별한 인연을 맺으며 당시 장애인계의 대모(大母)라고 불릴 만큼 사회적 영향력이 막강했다. 따라서 정립회관 비리는 전형적인 권력형 비리라 할 수 있다.[1]

정립회관 비리 투쟁을 이끈 것은 1990년 2월 결성된 서울장애인운동청년연합 건설준비위원회(약칭 서장청련(건)) 소속 회원들이었다. 이들은 6월 8일 국정 조사권 발동, '정립회관 발전을 위한 특별위원회' 구성 등을 요구하며 정립회관 이사장실 점거농성에 돌입한 뒤 정립회관 비리 의혹 10여 건을 담은 백서를 발간했다. 이에 관장과 이사장은 이와 같은 문제가 오해에서 비롯된 것이고, '운동권 장애인들의 전술'이라며 본질을 호도했다. 결국 농성 46일째인 7월 23일, 소아마비협회가 정은배 이사장의 사표를 수리하고 황연대 관장은 유임하되 외부 특별감사와 정립회관 발전 특별위원회를 설치하는 선에서 마무리되었다.

---

1) "서울 광진구 아차산 자락에 있는 한국소아마비협회는 박정희 전 대통령 부부와 특별한 인연이 있다. 육영수 여사 집안에는 소아마비를 앓던 친조카가 3명이나 있었다. 이 때문에 육 여사는 장애인에 대한 관심이 남달랐다. 육 여사는 1965년 소아마비 장애인인 황연대 씨(의사, 당시 27세)를 청와대로 불러 하사금 20만 원을 건넸다. 황 씨는 이 돈으로 아차산 자락에 정립회관 터를 계약했다." 뉴스타파, '무한반복, 복지시설 비리… 해법은 없나?', 2016. 1. 27.

<싹틈 소식지> 9호(1990년 10~12월)에서 박흥수는 '90년 장애운동의 전체적 활동 방향'이라는 제목의 글을 통해 이 투쟁을 평가했다. 그는 "서장청년과 정립회관의 대결이 아닌 파행적 운영을 자행하는 복지시설을, 더 나아가 이러한 복지시설을 지원하고 감사조차 안 하는 보사부(현 보건복지부)와 전 장애인의 대결이라고 상정"한 투쟁이라고 의미를 부여한 뒤, 이를 통해 "공권력과의 직접 대치 상황에서의 역량강화와 조직의 중요성"을 지적했다. 나아가 복지시설 비리를 폭로하는 것과 관련해 언론 홍보의 중요성을 비롯해 정립회관 내부에서 장애인운동을 "동지적 입장으로 변화시키는 데 얼마간 성공"한 것을 주요 성과로 꼽았다.

'장애인운동의 역량 강화와 그 과정에서 조직의 중요성'을 강조한 박흥수의 평가가 한 개인의 평가를 넘어 싹틈 조직의 평가라고 할 때 정태수에게 이 투쟁은 장애인 운동가로서의 삶을 본격적으로 시작하는 계기와 더불어 이후 활동에서 실천적 나침반이 되었을 것이다.

"내가 몇 번이나 공부 좀 하면서 활동하라고 해도 마음은 이미 농성장에 가 있더라고요. 학원을 아예 그만둔 것은 아니었지만 결국 마음이 떠났죠. 틈만 나면 농성장으로 달려갔으니까. 결국 시험을 보기는 봤는데, 나는 숭실대에 붙었고 태수는 떨어졌죠. 공부를 안 했으니 시험은 보나마나였지만." (박경석)

재수학원에 다니던 정태수가 1990년 2월 결성된 서장청련(건)에 곧바로 결합하기는 어려웠을 것이다. 하지만 하루가 멀다하고 학원을 땡땡이치며 정립회관 농성장으로 달려갔던 그는 자연스럽게 서장청련(건) 구성원들과 가까워졌다. 양대 법안 투쟁 이후 농성을 주도했던 청년 장애인 활동가들은 울림터 등 동아리 성격을 벗어난 더 대중적이면서도 선명하고 급진적인 청년조직, 그리고 전국적인 조직체가 필요하다는 것을 절감했다. 이러한 문제의식은 서장청년(건)으로 모였으며, 이 조직은 1991년 4월 '변혁적 청년 장애인운동의 전국적 단일조직 건설이라는 목표'[2]를 선명히 지향하며 장애인운동청년연합회(약칭 장청)[3]을 결성했다. 나아가 6월에는 전국 청년 장애인단체들에 전국장애인운동청년연합회(약칭 전청) 건설을 제안했다. 그리고 드디어 정태수는 1991년 당대 가장 급진적이고 투쟁적인 조직인 장청의 집행부가 되어 본격적인 장애인운동 활동가로서의 길을 걷게 된다.

---

2) 정태수열사추모사업회, <한국사회 장애민중운동의 역사>, 2005년, 46쪽.

3) 여기서부터는 조직 명칭을 주의 깊게 봐야 한다. 장청, 전청, 장한협, 전장협 등 헷갈리는 조직의 약칭들이 순차적으로 등장하기 시작한다. 정리하면 장청은 장애인운동청년연합회, 전청은 전국장애인운동청년연합회, 장한협은 전국장애인한가족협회, 전장협은 장한협이 장청과 통합한 뒤 출범한 전국장애인한가족협회의 약칭이다.

혼돈의 1990년대

장청에서 발행하던 <장청련신문>에 실린 짤막한 집행부 소개 글 중 정태수의 부분이다. 배짱과 느긋함, 저돌적인 추진력과 문제 해결 능력. 어쩌면 정태수 자신의 바람이었을 수도 있고 정태수가 생각하는 이상적인 활동가의 상일 수도 있다. 그리고 1980년대 말부터 1990년대 초 시기는 정말로 '두둑한 배짱과 느긋한 성격', 그리고 '저돌적으로 매달려 풀어가는 스타일'이 절실했던 때였다.

당시는 동서 냉전체제가 붕괴하면서 전 세계가 극도로 혼란스러운 시기였다. 1989년 11월 9일 베를린 장벽 붕괴로 상징되는 동구 사회주의권 국가들의 붕괴, 1991년 고르바초프의 페레스트로이카(개혁, 개방)에 반대하는 공산당 주도의 쿠데타가 3일 만에 실패한 뒤 소비에트연방(구소련)의 해체가 이어졌다. 국내에서는 1990년 보수 3당 야합으로 만들어진 민주자유당, 그에 대한 저항으로

---

4) <장청련신문> 8호(1992.9.25.), '2대 장청집행부 소개' 중에서.

1991년 강경대 열사의 죽음에서 시작된 분신 정국과 5월 투쟁, 그리고 강기훈 유서 대필 조작 사건과 정원식 국무총리에 대한 밀가루 세례 등의 정국이 이어졌다.[5]

그 가운데 사회운동은 1980년대 중반부터 등장하기 시작한 이른바 'NL 대 PD' 노선 투쟁[6]이 점차 격화하는 가운데 경제정의실천시민연합과 참여연대 등으로 대표되는 시민운동이 등장하고 환경운동, 여성운동, 인권운동 등 새로운 이슈와 의제들이 쏟아져 나오던 시기이기도 했다. 그리고 이러한 혼란은 이제 막 첫발을 뗀 급진적 장애인운동에도 영향을 미쳤다.

"나는 상대적으로 NL에 가까웠고, 태수는 흥수 형과 확실히 PD에 가까웠다고 봐야겠죠. 그런데 그런 이론들, 노선들에 나도, 태수도 큰 영향을 받거나 그러지는 않았어요." (이상호)

5) 1991년 4월 26일 명지대학생이던 강경대 열사가 경찰의 폭력 진압으로 사망하면서 촉발되어 노태우 대통령의 사과와 책임자 처벌, 광주학살자 처벌 등을 요구하며 학생과 노동자들이 연달아 분신하게 된다. 5월 25일에는 성균관대생 김귀정 열사가 경찰 진압으로 다시 사망하면서 1987년 6월 항쟁 이후 전국적으로 분노가 들끓게 되지만, 분신했던 전민련 간부 김기설의 유서를 강기훈이 대필했다는 조작 사건과 6월 정원식 국무총리가 취임을 앞두고 한국외대에서 마지막으로 강의하고 나오다가 대학생들로부터 밀가루 세례를 맞은 사건 등으로 운동권은 급격히 퇴조기에 접어들게 된다.

6) 한국 사회 변혁을 민족해방 혁명론(National Liberation Revolution)이라 주장하던 민족해방 그룹과 민중 민주주의 혁명론(People's Democracy Revolution)을 주장하던 민중민주 그룹이 1980년대 중반부터 이론 논쟁만이 아니라 조직 노선, 투쟁의 전략과 전술 등에서 부딪쳤던 것을 가리킨다.

대학 운동권의 영향을 많이 받았던 울림터의 결성 과정에는 당시 학생운동 후 노동 현장에 위장취업해 활동하던 소아마비 장애인 손복목이 핵심적인 역할을 했다. 그는 현장에서 노동운동을 하던 중 폐렴 등으로 건강이 악화한 이후 장애인운동에 전념한 것으로 알려졌다. 또한 울림터 창립 멤버이자 현 정태수열사추모사업회 회장 김병태는 PD 그룹으로 평가받던 사노맹[7] 멤버이기도 했다. 하지만 대학 운동권에서 치열했던 정파 및 노선 투쟁과 달리 당시 장애인운동에 몸담은 청년 활동가들은 이 논쟁에서 한 발짝 떨어져 장애인 권리 쟁취와 '장애해방'이라는 공통분모를 놓고 활동을 펼쳐나갔다.

장청의 제안으로 출발한 전국장애인운동청년연합회(전청) 준비모임 활동가들은 두 차례 모임을 거쳐 1991년 11월 숭실대학교에서 전청 주비위원회[8] 발대식을 개최한다. 여기에는 서울, 강원, 대전, 대구, 부산, 이리(현재 익산), 제주 등 7개 지역이 참여해 전국 조직의 면모를 갖췄으며 조직 운영은 대표자회의와 상임주비위회의, 지역주비위회의로 구성했다. 당시 주비위원장으로 선출된 장청 부회장

---

7) 남한사회주의노동자동맹의 약칭. 시인 박노해가 중앙위원으로 활동한 조직으로 유명하다. 김병태는 이후 사노맹 조직사건에 연루되어 구속되기도 했다.

8) 주비위원회는 일반적으로 한 조직 건설을 위한 준비위원회가 공식적으로 구성되기 전에 발기인 모집, 발기취지문 작성 등 기초적인 작업을 하는 조직이다.

김규성이 언론에 기고한 글을 보면 당시 어떤 고민과 마음가짐으로 장애인운동 전국 조직을 결성하려 했는지 짐작해볼 수 있다.

"(양대 법안 투쟁은) 장애인들이 하나가 됐다는 긍정적인 모습으로 평가되지만 내부적으로는 사상적 토대의 미약함과 운동적 관점이 정립되지 못했다는 등의 많은 문제점을 드러내기도 했다. 새삼스레 기성세대의 운동적 관점에 대해 문제 삼을 필요는 없다. 청년학생들은 현재 문제를 근본적으로 해결하기 위해서는 과학적 이론의 정립이 시급하며, 강고한 전국적 단일 대오의 결성이 시급히 요청된다는 데 인식을 같이한다. (중략) 이제 조직건설에 대한 그간의 활동들에 대하여 오류와 한계를 분석하면서 '이제부터 시작'이라는 자세로 강고한 단일조직을 건설해 내야 한다."[9]

당시 전청 주비위에 참여한 지역 단체들은 전국적인 연합체의 필요성에는 동의했지만, 각 지역에서 처한 여건은 저마다 달랐다. 서울 지역 외에 유일하게 독자적인 조직 건설을 계획하고 있던 전북 지역을 제외하고 각 지역 상황은 매우 열악했다.

여기에 장애인 당사자이자 범PD 계열 좌파운동에서 유력한 이론가였던 제헌의회(CA) 그룹[10]의 최민이 지명수배로 도피 생활을

9) 김규성, [기고] "전국장애인운동청년연합회 건설을 앞두고", <함께걸음>, 1991. 12. 1.
10) 1987년 6월 항쟁에서 대통령 직선제 쟁취가 아니라 제헌의회 소집을 주장했던

하던 중에 장애인운동계로 들어오게 된다. 그는 장청과 별도로 장애인인권사업기획단을 만들어 강남대에서 추락사한 뇌병변장애인 고 백원욱 추모제 등 다양한 사업을 펼친다. 이에 장청 활동가 대부분은 인권사업단 사업에 매몰되었으며 이는 전북 지역 등의 반발과 이탈을 불러왔다.

결국 1992년 7월 17일 전국 대표자 회의에서 전청 주비위 해소를 결정했으며 장청 집행부와 회장단은 이에 대한 책임을 지고 총사퇴한다. 당시 비정기적으로 발행되던 <장청련신문>은 이를 두고 '주체적 역량의 미흡, 조직 건설의 경험 미숙, 열악한 각 지역의 상황'에 따른 결과로 평가하고 있다. 당시 상황을 김도현은 <차별에 저항하라>에서 이렇게 지적하고 있다.

"사전에 충분한 인적, 물적 자원이 준비되지 못했다는 한계를 극복하기 위해서는 현장 대중 투쟁을 벌여 새로운 토대를 만드는 수밖에 없었다. 전청을 건설하고자 했던 주체들도 그렇게 인식하여, 전청주비위 건설을 위한 2차 준비모임에서는 장애인 대중의 폭넓은 참여를 이끌어내기 위해 '투쟁을 통한 조직 건설'이라는 방침이 합의되기도 했다. 그러나 당시 장애인운동은 적절한 의제를 창출해내지 못했으며, 그렇다고 장청과 전청주비위에 독자적

학생운동권 정파. PD와 구분하여 Constituent Assembly(CA)그룹으로도 불린다. 최민은 이 그룹의 핵심 멤버였다.

1992년 3월 21일 강남대 신학과 학생이던 뇌병변장애인 백원욱 씨가 학교 언덕에서 굴러 추락사했다. 서울역 앞에서 열린 고 백원욱 추모제에서 고인의 영정을 들고 있는 정태수 열사의 모습.

으로 이를 생성해 낼 만한 역량이 있었던 것도 아니다. 이처럼 어려운 상황에서 장애인인권사업기획단의 등장과 핵심 활동가들의 동요는 장청의 활동을 거의 중단시키다시피 하면서 치명적 공백을 가져왔고, 전청주비위의 해체를 가속화시키고 말았다."[11]

11) 김도현, <차별에 저항하라>, 박종철출판사, 2007, 68쪽.

여기서 '핵심 활동가들의 동요'는 최민의 등장과 그에게 휩쓸렸던 대학 운동권 출신의 장청 활동가들을 이른다. 집행부가 사퇴한 장청은 8월 30일 임시총회에서 새로운 회장단과 집행부를 구성하고 조직 강화 방안에 집중했다.

장청의 도전과 좌절

1992년 8월 30일 조직 개편으로 장청과 사무실을 같이 쓰고 있었던 장애인복지신문사 기자 김종환이 사무국장을 맡게 된다. 2026년 현재 정태수열사추모사업회 집행국장이자 '장애해방열사_단'에서도 활동하는 그는 1988년에 명휘원 직업훈련원을 수료하고 2년여간 경기도 성남의 조각공장에서 일하며 노동조합을 만들다 해고된 뒤 장애인복지신문사에 입사했다. 그리고 기자 생활과 전청 주비위원 활동을 병행하다 결국 기자 생활을 접은 참이었다.

"두 가지를 동시에 하려니 너무 힘든 거예요. 기자 생활만 해도 일주일에 3일은 기사를 쓰느라 밤을 새우고 그랬어요. 기자를 그만두고 8월인가 장청에 상근을 시작했는데 저보고 사무국장을 하라고 하더라고요. 그때 반상근 활동가까지 포함하면 한 열 명 됐나? 상근비는 20만 원 정도 받

앗던 것 같아요." (김종환)

활동을 시작한 지 일 년 정도 되었던 새내기 활동가에게 사무국장 자리를 맡길 만큼 당시 장청의 조직적 열악함과 어려운 상황은 쉽게 짐작할 수 있다. 국제정세로 보나 국내 정치 지형으로 보나 사회운동, 장애인운동 내부 상황으로 보나 그야말로 안팎으로 어수선한 시기였다.

"전청 주비위 때 장애인에 대한 개념 등을 정리하기 위해 2박 3일 동안 치열한 토론을 했어요. 진짜 장애인은 우리 같이 몸이나 정신이 불편한 사람이 아니라 민중을 착취하고 탄압하는 정주영, 김우중 같은 사람들이라는 결론을 냈어요. 지금 장애인 인권의 기준으로 생각하면 웃기고 기가 막힌 결론이지만요." (김종환)

"장청 말기였나 전장협 때였나, 그 무렵 장애인 당사자주의라는 게 우리나라에 처음 들어왔어요. 대표단에 장애인 과반이 넘으면 장애인 당사자주의가 실현된 것인가? 장애인 당사자가 아니면 어떤 대표도 맡으면 안 되는 건가? 장애인의 말은 비장애인의 말보다 반드시 더 무게가 실려야 되나?" (이상호)

알튀세르, 데리다, 들뢰즈, 보드리야르, 푸코, 랑시에르 등 발음

하기도 어려운 서구의 사회과학, 철학 이론가들의 이름과 이론들이 채 여물지도 않은 채 한국 사회에 포스트맑시즘, 포스트모더니즘, 포스트구조주의라며 '포스트'[12]라는 머리말을 달고 수입되고 얼치기로 유행하던 시절이었다.

그럼에도 전국 조직 건설이라는 애초의 목표는 이루지 못하고 사상과 이론적 혼란 그리고 조직적 좌절을 겪어야 했지만, 활동가 정태수가 좌절했던 것 같지는 않다. 장청 연대사업부장을 맡았던 이상호는 말한다.

"그때 태수랑 제일 많이 했던 이야기가, 우리 쿠데타 일으켜볼까였어요. 감투 쓰고 있는 선배들이 너무 못마땅했죠. 대접받으려고만 하고, 말로만 운동한다고 할까요? 그런데 과연 우리가, 말단 활동가들이 그 선배들을 내쫓으면 다른 사람들이 우리를 따라올까? 활동비는 마련할 수 있을까?" (이상호)

이상호의 말에 따르면, 당시 장애인계에서 장청을 바라보는 시선은 기존 장애인 단체에 비해 "선명하고 도덕적이나 현실적인 대

----

12) 탈구조주의(Post-structuralism), 후기구조주의 등으로 통칭하는 흐름으로 서구에서는 1960~70년대에 시작된 지적 운동의 한 형태였으나, 한국에서는 냉전 체제가 종식된 1990년대 초반 맑스주의와 사회주의 등 저항 담론의 대안 또는 비판으로 수입되고 퍼지게 되었다.

안세력으로 보기 어렵다"는 것이었다고 한다. 이런 평가는 당시 구소련의 붕괴로 현실 사회주의라는 대안이 무너져 내렸던 영향도 있었을 것이다. 1980년대의 가치와 신념, 운동은 그 성장만큼이나 빠르게 낡고 철 지난 것으로 취급받던 시절이었다.

당시 장청과 전청 주비위는 가뜩이나 활동가들의 수도 부족한데 서로의 활동이 중복되거나 분리되면서 통일된 조직으로 결집하기보다는 소모적인 논의를 거듭하면서 분열되는 양상을 보였다. 이 과정에서 1992년 6월 전청 전북지역주비위가 전청 건설을 지역 조직 건설 이후로 미루자는 안을 제시한다. 이에 장청은 새로운 조직체계를 준비하면서 같은 해 8월 집행부 전원이 총사퇴하는 임시총회를 개최한다. 이러한 혼란한 조직 상황에서 막 장청 집행부에 참여해 조직부 활동을 맡은 정태수는 눈에 띄는 활동을 보이지는 않는다. 다만 각종 회원 집회나 교육프로그램, 전청 건설을 위한 준비모임, 장애인인권사업기획단 등에 참여하며 이후 활동가 조직화의 토대를 마련한다.

장청은 1992년부터 대중조직의 토대를 마련하고 장애 성인 교육권을 확보하기 위해 노들장애인야간학교(약칭 노들야학)를 준비한다. 그리고 1년여의 준비기간을 거쳐 1993년 8월 8일 교사 11명, 학생 11명으로 정립회관 체육관의 탁구장 일부를 빌려 개교한다. 그리고 장청의 손복목 회장이 초대 교장에 취임한다.

"노들야학을 준비할 당시 장소를 어디에 둘 것인가에 대한 논의만도 6개월 이상 했어요. 정립회관 근처 어느 교회에서 야학 장소를 제공하겠다고 제안했었죠. 정립전자라는 공장에 장애인 노동자들이 1백 명 이상 모여 있는 정립회관으로 할지, 정립회관을 벗어나 다른 곳에서 시작할지에 대해 많은 토론을 벌였죠. 결국 학생의 원활한 수급을 고려해 당시 청년활동가들로부터 '장애인운동의 성지'라고 인식되던 정립회관에서 개교하기로 했죠." (김종환)

현재는 튼튼하게 자리 잡아 진보 장애인운동계에서 큰 역할을 담당하는 노들야학이지만, 당시에는 개교 일주일 만에 장청이 전국장애인한가족협회(전장협)와 통합하면서 상부 조직이 바뀌는 우여곡절을 겪기도 했다. 장애인 야학의 필요성을 강하게 주장했고 노들야학 개교 뒤에는 야학 학생과 교사를 모집하는 데 힘을 쏟던 정태수는 교사 수급 문제로 당시 대학에 다니던 박경석을 자주 만났다.

"야학에 가면 태수도 그렇고 저도 그렇고 기분이 좋고 힘이 났어요. 사람들이 바글바글하니까. 특히 사람을 조직하는 게 중요하다고 생각했던 태수는 더 그랬겠죠." (이상호)

시간을 훌쩍 뛰어넘어 1996년.

"노들야학의 장기적인 전망을 위해 교장이 있어야 한다. 교사들은 수업하랴, 행사하랴, 정신이 없는데다 6개월 주기로 바뀌는데 그런 이들에게 야학이 나아갈 방향까지 고민하길 기대하는 것은 너무 큰 욕심이다. 그러나 지속적인 고민과 그에 따른 작은 실천이 없다면 조직은 발전할 수 없다. 긴 임기를 갖는 교장의 주도 아래 교사와 학생들의 의견이 충분히 반영된 장기적인 전망을 세워야 한다."[13]

노들장애인야학의 한 학기를 마무리하며 제출한 자료집에 실린 정태수의 조직에 대한 진단이다.

한편으로 정태수는 1990년 노동자 정당을 표방하고 창당했던 민중당[14] 당원으로 활동한다. 또한 1992년 말 대통령 선거에서 민중후보 백기완 선거운동본부에도 참여한다. 이 활동이 그의 장애인운동 연장선인 조직화의 일환으로 이루어졌던 것인지, 아니면 단순히 후보자에 대한 지지와 정치적 신념에 따른 것인지는 정확히 확인할 수 없다. 1986년 울림터 창립 과정에서 함께했으며 이후

---

13) 홍은전, <노란들판의 꿈>, 봄날의책, 2016, 54쪽.

14) 1989년 민중의당과 한겨레민주당 인사들이 진보적 대중정당 건설 준비모임을 결성한 뒤 1990년 민주연합추진위원회에 참여했다가 독자적으로 창당한 진보정당이다. 1992년 총선에 참여했으나 의석을 확보하지 못해 정당 등록이 취소되었다.

경기도 안양에서 노동운동을 하다가 1987년 백기완 선거운동본부, 1988년 민중의당[15] 활동, 1992년 다시 백기완 선본에서 활동했던 정태수열사추모사업회 회장 김병태의 기억은 이렇다.

"정태수 열사를 처음 본 것은 정확하게 기억나지는 않지만, 1988년, 89년 무렵에 마주쳤을 거예요. 그때 울림터가 암사동에 사무실을 마련했고, 저는 민중의당 활동할 때나 서울에 갈 일이 있을 때 거기에 자주 들렀거든요. 그때 박흥수 열사나 정태수 열사가 거기 자주 왔었어요. 1987년에도 그렇고 1992년에도 장애인 단체가 민중후보 운동에 조직적으로 참여하거나 그런 분위기는 아니었어요. 아마도 개인적으로 참여하지 않았을까 싶어요. 하지만 진보정당 운동은 단순한 호기심에 그친 것은 아니었어요. 그 전후로 정태수가 저한테 당시 초미의 관심사였던 정치적 입장, 이른바 민중후보냐, 비판적 지지냐, 그런 것에 대해 많이 물어봤던 기억이 나네요." (김병태)

당시 백기완 선거운동본부는 '백기완! 장애인 문제 이렇게 극복한다!'라는 슬로건 아래 7대 장애인 정책을 발표했다. '△사회주의

15) 1987년 민중후보 백기완 선본에 결합했던 이들이 진보정당 운동을 이어가고자 다음 해 총선에서 꾸린 정당이다. 이후 민주당 정치인이 된 김두관, 한나라당 정치인이 된 이재오 등 다양한 인물이 있었지만 그 주축 세력은 국민승리21을 거쳐 민주노동당으로 진보정당 운동을 계속해갔다.

적 사회보장제도 이념을 토대로 한다 △장애 발생 원인을 근본적으로 제거한다 △장애인의 재활은 노동자가 되기 위함이다. 노동으로의 완전참여를 쟁취한다 △장애인의 공교육을 완전 쟁취한다 △민중복지를 위한 재원의 규모는 전체 국가 예산의 30% 이상으로 한다 △장애인의 접근을 제약하는 모든 시설을 철폐한다 △장애인에 대한 비인간적 편견을 축출한다' 등의 내용으로 각 항마다 세부 설명을 덧붙였다. 또한 백기완 선거운동본부는 다른 야당과는 확실히 차별성을 보이며 도시빈민과 노점상 등에 대한 옹호와 연대의 메시지를 선명하게 밝혔다. 정태수가 백기완 선거운동본부에서 장애인 정책 결정에 중요한 역할을 담당한 것으로는 보이지 않으나, 민중후보 진영에 참여한 것은 당시 정태수의 정치적 성향과 관점을 잘 보여주는 것이라 할 수 있다.

1987년 6월 항쟁 이후 대통령 직선제가 도입되고 치러진 대통령 선거에서도 그러했지만, 1992년 대통령 선거에서도 다시 한번 사회운동 진영은 대선 방침을 놓고 첨예하게 입장이 나뉘게 된다. 여당에서 야당으로의 정권교체를 최우선의 목표로 설정하고 김대중을 당선시켜야 한다는 비판적 지지 입장, 그리고 당선 가능성은 희박하지만 민중의 독자적 정치세력화를 위해 민중후보로 추대되었던 백기완을 지지하고 향후 진보정당을 건설해야 한다는 독자노선이 사회운동 내에서 팽팽하게 맞붙었다.

결론은 이미 역사에 기록되어 있듯이 3당 합당을 통해 보수 대연합 민자당 후보로 나선 김영삼의 당선이었다. 1993년은 하나회 척결, 금융실명제 도입 등으로 90%에 육박하는 지지율을 올렸던 문민정부의 화려한 등장으로 사회운동이 다시 한번 위축되는 시기였다. 여당에서 야당으로 정권교체가 된 것은 아니었지만, 문민정부라는 표현에서 알 수 있듯이 당시는 이전 군사독재 정권 시기에 대한 총체적인 비판과 개혁에 대한 열망이 높을 수밖에 없었다.

전장협 조직국장 정태수

1990년에 온전히 해결되지 못한 채 봉합되었던 정립회관 비리 문제가 다시 터져 나왔다. 1993년 4월 23일부터 5월 30일까지 진행된 정립회관 2차 점거농성은 장청을 중심으로 정립회관 직원 모임, 회관 이용 장애인 당사자 모임, 장애인한가족협회(약칭 장한협) 서울지부 등이 참여했다. 이들 단체는 '정립회관정상화를 위한 공동대책위원회'를 구성하고 점거농성을 진행해 이사장 퇴진과 관장 교체, 정립회관 수습대책위원회 구성이라는 의미 있는 성과를 남겼다. 그리고 이 투쟁 과정을 통해 1993년 초부터 시작되었던 장청과 장한협의 통합 논의도 한층 탄력을 받게 되었다.

장한협은 전남 여수에 있는 애양병원에서 수술치료 등을 받은 장애인들이 주축이 되어 1982년 '밀알들'이라는 단체로 시작했다. 애양병원은 1909년 한센병 전문 병원으로 설립했으며 1970년대 중반부터 수술을 잘한다는 입소문을 타기 시작해 많은 소아마비 장애인들이 애양병원에서 수술을 받았다. '밀알들'은 1991년 단체 명칭을 장애인한가족협회로 바꾸고 새롭게 출발했다. 한동안 장애인 운동에서 멀어져 있다가 정립회관 농성투쟁에 다시 결합한 박흥수는 늘 "운동이란 건 대중이 없으면 망한다. 운동단체는 소수 선진 활동가 중심으로 조직하면 안 된다"라고 말했다. 친목 모임 성격이 강했지만 확실한 회원이 있던 장한협과 일찍이 변혁적 장애인운동의 기치를 내걸었던 활동가 그룹 장청의 결합은 장한협의 회원이기도 했던 박흥수가 일정 부분 역할을 담당했다.

장청이 장합협과 통합을 논의하는 과정에서 청년 운동계는 또 다른 내상을 겪기도 했다. 그 당시 커다란 사회적 문제를 일으킨 다단계 판매[16]가 장애인계에도 파고들면서 '피라미드 판매 사기 장애인 비상대책위원회'까지 구성하게 된 것이다. 정태수는 이 비대위에서 많은 역할을 담당하며 조직 재정비에 혼신을 기울인다. 결

---

16) 제조업자-도매업자-소매업자-소비자 같은 일반적인 유통 경로를 거치지 않고 여러 단계로 판매원이 거래에 참여하는 유통 방식이다. 일반적으로 사회적 취약계층 사이에서 상호 간의 신뢰와 인간관계를 토대로 벌어지는데 1990년대 방문판매, 회원판매 등의 이름으로 커다란 사회 문제가 된다. 또한 장애인 운동만이 아니라 네트워크가 중요시되는 사회운동 전반에서 많은 문제를 일으켰다.

장애인운동청년연합회 조직부장 시절의 정태수
열사 모습.

국 이에 연루된 장청 회원 12명이 제명되면서 단체의 조직력과 신뢰에 타격을 입게 된다. 장청 출범 후 전국 조직 건설 과정에서 운동권 지식인 명망가에게 휘둘리면서 혼란에 빠졌던 일과 더불어 이 사건 또한 박흥수가 일정한 책임과 역할을 하게 된 배경이 되었을 것이다.

> "결국 장청은 '시민운동 내지는 전문가 운동으로의 편입이 아니라 대중 공간과의 연계를 통한 재도약'을 위해 장한협과 통합하는데, 두루두루 활동가들의 신뢰를 얻고 있던 박흥수는 이 과정에서 중요한 역할을 한다."[17]

1993년 4~6월 몇 차례 논의를 거친 뒤 장청과 장한협은 8월 13일부터 3일간 통합수련회를 진행하고 전국장애인한가족협회(약칭 전장협)로 출범한다. 초대 회장에는 장한협 회장을 맡고 있던 황광식이 취임한다. 그리고 젊은 활동가들에게 신뢰받던 박흥수는 전장협에서 부회장과 서울지부장을 맡게 된다. 하지만 여전히 대학 운동권 출신이 다수를 차지하고 있었던 집행부에서 박흥수는 비주류였다.

당시 정태수와 함께 재수학원에 등록하고 대학입시를 거쳐 숭실대학교에 다니던 박경석은 이 시기 박흥수에 대해 이렇게 기억

---

17) 비마이너 기획, <유언을 만난 세계>, 오월의봄, 2021, 150쪽.

한다.

> "흥수 형이 많이 외로워하고 힘들어했어요. 흥수 형은 빈민에다가 대학도 안 나왔지, 울림터는 대부분 대학 운동권이었지만 태수나 흥수 형 같은 싹틈 출신은 그렇지 않았거든요. 그래서 흥수 형이 불러서 태수랑 나랑, 그렇게 셋이 '우리는 흩어지지 말자, 끝까지 운동하자!' 그런 결의를 했죠." (박경석)

> "어느 날 흥수 형은 태수와 나를 불렀다. 우리 집 아파트 앞 정자였다. 돈이 없어 소주에 오징어 한 마리였다. 술을 따르며 말했다. 장애해방을 쟁취하기 위해 강고한 조직을 건설하자. 그래서 우리 3명은 죽을 때까지 동지가 되자고 맹세했다. 장애인 세 명의 '정자결의'였다. 그들과 함께 외로운 길을 선택했다. 사람들이 가려고 하지 않는 길을. 괜시리 '정자결의' 땜시로 인생이 질퍽하고 처절하게 된 것 같다. 그 이후로 선택의 연속이었다."[18]

소규모 활동가들의 선도적인 투쟁에서 벗어나 전국에 여덟 개 지부를 두고 명실상부한 전국 조직으로 출범한 전장협에서 조직국장을 맡게 된 정태수는 이때부터 그야말로 광폭 횡보를 보이기 시작했다. 다리가 불편한 것이 늘 마음에 쓰였던 어머니가 장만해준

---

18) 박경석, '정자결의', <세상을 두드리는 사람> 통권 19호, 2007.1.

승용차를 몰고 물 만난 물고기처럼, 아니 목발에 모터를 장착한 것
처럼 전국을 누볐다.

> "다리가 불편한 태수이니 기동력이 있어야 한다고 어머니가 차를 사주
> 셨는데, 그 전부터도 얼굴을 보기도 힘들었지만 차가 생기고 나서부터
> 는 정말 얼굴을 볼 수가 없었어요. 늘 집 밖으로 돌아다녔죠." (정근수)

당시 전장협은 장애인 생활체육이라는 개념도 없던 시절 매주
일요일 정립회관 체육관에서 좌식배구 등을 진행한 '일요운동회',
장애인에게 우편으로 책을 대여해주는 '새날도서관', 발달장애아동
을 대상으로 한 '어깨동무공부방', 대학생들을 중심으로 한 장애인
시설 자원활동 조직 '또바기', 장애인 평생교육기관인 '노들장애인
야간학교' 등을 운영했다. 그리고 지역에 흩어져 있던 여덟 개의 지
부도 재정비했다. 정태수의 1994년 다이어리에 적힌 메모를 보면
당시 그가 각 지역에서 어떤 활동을 했고, 어떤 고민을 했는지 살짝
엿볼 수 있다.

> "온양.
> 온양 신문기자 참석 / 온양은 나이가 많으신 분들이 대다수
> 모임이 좋아서 나오는 경우가 많고 법인에 대한 욕구가 큼 / 구체적 재정사
> 업이 필요함

울산.

참석 15명, 중앙 4명

회원모집은 생활 정보지 광고, 회원들 추천

지엽적이고 혹은 너무 세세한 사고가 지배적 / 중앙이 지부에 수시 왕래를

해야 함

춘천.

현장 경험들 속에서 보다 더 힘 있는 행정에 대한 고민

현장조직과의 끈을 가지도록 노력해야 하고 대화가 필요

일정 현장에 매몰되어 가는 것이 있고 그것을 극복시켜 줄 고리가 필요”

한편 노들야학이 막 개소하고 장청과 장한협의 통합이 한창 논의되던 1993년 여름 무렵, 정태수는 만나고 싶고 앞으로 만나야 할 수많은 장애인 가운데 무엇보다 특별하고 소중한 단 한 명, 김영희와 만난다.

사랑을 만나다

김영희. 1972년에 태어난 그는 정태수와 마찬가지로 제주도가

고향이다. 역시 정태수와 마찬가지로 어려서 소아마비에 걸렸다. 그는 1월생이었기에 초등학교에 한 해 일찍 입학해 1971년생들과 같이 다녔으며 1990년 숙명여대에 입학하며 서울로 올라왔다. 본인은 사회복지에 관심이 있었지만 부모님의 권유로 숙명여대 화학과에 입학했다. 그는 입학 뒤 노래패 한가람[19]에 들어가면서 학업을 등한시하고 '노래패 죽순이'라 불리며 노래운동에 전념하게 되었다.

> "처음에는 클래식 기타반에 들어갔어요. 그런데 같은 과 친구가 노래패에 가서 제 이야기를 한 거예요. 그때 선배들이 동아리 두 개 다 할 수 있다고 해서 노래패도 하게 되었는데 노래패를 하면서 도저히 다른 걸 할 수가 없더라고요. 그냥 노래만 부르는 게 아니라 연습하고, 학습도 하고, 집회에 나가 공연도 해야 하고. 결국 노래패 죽순이로 학교 다니는 내내 노래패 활동을 했어요. 노래패에서 기타 연주를 맡을 후배를 만들지 못해 졸업도 1년 늦게 하게 되었죠." (김영희)

불온 가요, 금지곡으로 불리던 사회성 짙은 노래, 이후 저항가요,

---

19) 노래패 한가람에서 김영희와 가장 친했던 동료 중에는 지금은 고인이 된 황현도 있었다. 황현은 <단결투쟁가>, <파업가> 등 여러 민중가요를 만든 작곡가 김호철의 아내이다. 나중에 김호철은 <장애해방가>를 비롯해 정태수 열사 추모곡 <태수야>를 작곡하게 된다.

짝꿍 김영희와 함께.

민중가요로 불린 노래들이 1970년대에 아예 없었던 것은 아니지만 본격적으로 창작되고 전파되기 시작한 시점은 1980년대 중반이다. 이 시기에 대학가를 중심으로 만들어진 노래패들의 노래운동과도 궤를 같이한다. 곡의 경향 또한 1980년대 초반 5·18 광주민중항쟁의 영향 속에 주로 단조 풍의 행진곡이 만들어졌다면, 80년대 중반부터는 장중하면서도 직설적인 노래가 많이 등장했다.[20] 정태수 열사의 애창곡 중 하나인 <의연한 산하>는 1980년대 초반에서 중반으로 넘어가던 시기에 만들어진 것으로 보인다.

1987년 6월 항쟁 전후로 노래운동만이 아니라 미술, 문학 등 다양한 민중 문화예술이 폭발적으로 성장했다. 1980년대 말부터 1990년대 초반 '노래를 찾는 사람들'과 같은 민중가요 노래패의 음반이 정식 발매, 유통되고 방송사 가요프로그램 순위 상위권에 올라갈 정도로 대중적인 인기를 끌었다. 또한 '파업가', '깃발가', '단결 투쟁가' 등 수많은 노동가요를 만든 김호철의 등장은 파업투쟁 현장 등에서 노동자들을 하나로 묶는 힘을 만들어냈다. 당연히 각 대학만이 아니라 노동조합을 비롯한 운동권 단체에서도 많은 노래패가 결성되었다. 이들은 각종 집회나 문화 행사 현장에서 함께 공연하며 연대하기도 했다.

"대학 친구 중 한 명이 장애인단체에 봉사활동을 다니던 친구였어요. 마침 그 친구가 다니던 단체가 장청인가 장한협 소속 단체였던 것 같은데, 1993년 8월에 통합수련회를 하는데 조직가를 만들어달라는 부탁을 하

---

20) 민맥 편집부, <우리 시대의 노래>, 민맥, 1998. 1980년대 중반까지 집회 현장에서 주로 불리던 노래는 일명 '노가바'라고 하여 대중가요 곡에 노랫말을 개사하여 부르던 노래였다. 노래운동이 본격적으로 활성화되면서 운동권을 넘어 일반인에게도 유행하는 창작곡이 만들어지고 전파되기 시작한다.

더라고요. 국문과인 그 친구가 가사는 자기가 쓰겠다고. 그래서 저는 곡을 만든다고 며칠 애를 썼지만 흐지부지되었죠." (김영희)

한편 전장협 내에서는 정태수와 함께 이상호, 김종환, 정진오, 추경미 등의 장애인 활동가들이 노래패를 만들기 위해 동분서주하고 있었다. 이 과정에서 숙명여대 노래패에 장애인이 있다는 사실을 알게 된 정태수, 김종환 등이 직접 숙명여대를 찾아갔다.

"그때 노래패에 차은영이라고 나 말고 장애인 친구가 한 명 더 있었어요. 사실 나는 노래를 직접 부르는 사람이 아니었어요. 노래를 가르칠 수는 있었지만 혼자 하기는 버거워서 그 친구랑 같이하기로 했죠. 그런데 우리 둘 다 장애인이다 보니 그쪽에서는 조직 대상이라고 할까. 어쨌든 한 발을 장애인운동에 담그게 되었는데, 전장협에서는 나를 어떻게든 구워 삶아서 더 끌어들이려고 했어요." (김영희)

김영희가 기억하는 정태수의 첫인상은 덩치가 좋고 후덕함 속에 카리스마와 유머가 있는 사람이었다. 전장협 노래패 '노둣돌'은 이듬해인 1995년 3월 21일 분신한 최정환 열사 추모 공연 '분노 그리고 작은 다짐'을 같은 해 9월에 정립회관 강당에서 열었다. 김영희는 그때 처음 <장애해방가>가 공연에 선보였다고 기억한다.

"그때까지는 장애인운동에서 부를 수 있는 투쟁가가 없었어요. 장애인에 대한 노래는 대부분 사랑, 시혜와 동정 아니면 너무 칙칙하고 슬픈 노래들이었어요. 그때 제 친구 황현이 김호철 선배와 부부여서 노둣돌에서 저에게 다리를 놓아달라고 부탁했죠. 저는 소개만 해주고 아마 김종환, 정태수 같은 선배들이 김호철 작곡가를 무작정 찾아갔을 거예요. 나중에 알고 보니 김호철 선배의 형님도 장애가 있어서 다행히 장애인 문제에 대한 감수성이 있으셨어요. 우리가 걱정했던 시혜와 동정, 이런 거 전혀 걱정 안 해도 되는 노래가 나온 거죠." (김영희)

"정태수 동지랑 김종환 동지 등이 저를 찾아왔어요. 정태수 동지의 첫인상은 산도적 또는 조직의 보스 같았죠. 하하. 그때 최정환 열사가 막 돌아가신 시점에서 진지하게 장애해방가를 만들어줬으면 좋겠다고 이야기하더라고요. 민중가요는 창작자가 만들지만, 불리는 과정에서 민중들이 다시 재창작한다고 생각하는데, 처음 장애해방가 노래 후렴구는 '참아 참아야 승리하리라'로 되어 있었는데 장애인 동지들이 우린 더는 못 참겠다고 해서 '싸워 싸워야 승리하리라'로 바꿔 부르고 있죠. 저도 전적으로 동의해서 급하게 노래를 녹음했던 박준 동지에게 부탁해서 '싸워'로 바꿔서 다시 녹음했죠." (김호철)

"반토막 몸뚱이로 살아간다고 / 친구여 이 세상에 기죽지 마라 / 삐뚤어져 한쪽으로 사느니 반쪽이라도 올곧게 / 말뿐인 장애복지 법 조항마저 / 우리의 생존을 비웃고 있다 / 노동으로 일어설 기회마저 빼앗긴 동지여 / 아~ 차별의 폭력 눈총을 깨고 / 사백만의 힘으로 하나로 / 자~ 외쳐 불러라 해방의 나라 장애해방 참세상을 / 아~ 우리는 뼈아픈 고통의 시련마저 / 싸워, 싸워 승리하리라!"

– 〈장애해방가〉 가사[21]

　같은 해 9월 노둣돌은 독자적인 창립공연을 할 정도로 자리를 잡아갔다. 하지만 여러 사람의 공통된 증언에 따르면 애초부터 노래를 그리 잘 부르지 못했던 정태수는 별도의 조직 사업(?)에 착수했다. 이미 학교를 졸업했어야 할 '대학 5학년생' 김영희에게 연락해서 김영희가 장애인 문제에 대해 아는 게 없으니 함께 장애 문제를 다룬 영화도 보고 관련 사회과학 공부도 하자며 접근하기 시작한 것이다.

"톰 행크스가 출연했던, 막 달리기를 하는 영화였는데, 그렇게 이래저래 만나며 관심을 표하더라고요. 하하. 사실 어릴 적 아이들이 자신의 걸음걸이를 흉내 내거나 지나가던 할머니가 영문도 없이 '전생에 지은 죄' 운

---

21) '반토막' 등 〈장애해방가〉의 노랫말도 지금의 관점에서 보면 비판의 여지가 있을 수 있다. 마지막 구절 '싸워 싸워야'도 처음에는 '참아 참아야'였으나 "우리가 언제까지 참아야 하냐!"는 장애인 활동가들의 항의(?)로 '싸워'로 바뀌었다. 또한 '형제'는 '동지'로 바뀌었으며, 간주 뒤 '아아 비틀거리는 이내 몸뚱이 탄식할 시간마저 없다'는 2절 가사도 이후 사라졌다.

운해서 무서웠던 기억은 있지만, 장애인 차별이나 이런 걸 별로 의식하지 않고 살아왔어요. 그런데 전장협에서 같이 활동하고 공부하면서 서서히 장애인 문제에 관심을 두게 되었던 시기였죠. 학생운동을 하면서 배웠던 지식과 내가 처한 현실적 조건, 장애인 문제를 접목하려고 내 딴에는 노력해보던 시기였어요." (김영희)

첫눈에 김영희에게 반했던 정태수와는 달리 김영희는 한동안 밀고 당기는 시간을 보냈다. 둘의 연애가 성사되기까지 음으로 양으로 도왔던 이상호의 증언이다.

"어느 날 태수 눈빛을 보니까 이상한 거예요. 그래서 소주 한 잔 마시면서 물어봤더니 고백을 했다가 차였다나. 그래서 질질 짜면서 술 마시고, 노래방에 가서 목 놓아 노래도 부르고 그랬죠. 사실 태수가 술을 많이 마시지는 못하는 친구인데 그날 소주 두 병 마시는 걸 처음 봤어요. 그러니까 그다음부터 영희랑 태수의 동선이 자꾸 겹치게 도와주지 않을 수 없었죠." (이상호)

이상호의 계획에 따라 정태수의 동료들은 역할을 분담해 우연이 아닌 우연을 만들어 냈다. 정태수가 나타나는 자리에 김영희를 부른다거나 김영희가 가는 동선에 정태수의 동선이 겹치게 하는 것이다. 이상호는 아예 김영희와 만날 일이 있는 활동가들을 따로 만나 "영희 만나면 네가 하고 싶은 이야기를 90%, 나머지 10%는 꼭 태수에 관한 이야기를 해라"고 당부까지 했다.

하지만 김영희는 정태수가 자신에게 마음이 있다는 사실을 알게 되자 훌쩍 물러섰다. 본인 스스로 장애인으로서 경제적 독립을 꾸려가는 것도 만만치 않은 상황에서 연애, 그것도 장애인과의 연애는 너무나 큰 '사치'일 수밖에 없었다. 더군다나 상대는 장애인운동을 결심한 활동가였으니.

"태수 형이 먼저 사귀자고 했어요. 사실 저는 먹고사는 일이 걱정이고, 장애가 있으니 어딘가에 가서 내 밥벌이를 잘 할 수 있을까, 그런 고민이 있었죠. 활동만 하고 산다는 것이 과연 가능할까? 그래서 저는 누구와도 아예 연애를 안 하려고 했죠. 미안한데 아니다. 그렇게 한동안 안 만나려고 피해 다니기도 했어요. 그런데 태수 형이 너무 힘들어한다는 소식이 여기저기서 들려오는 거예요. 그래서 걱정이 돼서 잘 지내고 있냐고 전화한 게 본격적인 연애의 시작이 됐어요." (김영희)

그렇게 시작된 둘의 연애는 순탄하지만은 않았다. 무엇보다 김영희 가족의 반대가 무척 심했다. 비록 장애는 있지만, 제주에서 서울로 유학을 보낸 딸이 자신보다 더 심한 장애가 있는 남자와 혼인하겠다고 하면 쉽게 허락하는 부모는 거의 없을 것이다. 게다가 남자는 그럴듯한 대학을 나온 것도 아니고 변변한 직업도 없이 장애인단체에서 활동하는 사람이었으니 말이다.

대학에 입학하며 서울에서 자취하던 김영희는 늦깎이로 졸업하고 당시 <노동자신문>(현 매일노동뉴스)에 취직했다. 그러나 하루가 멀다 하고 찾아오는 가족들 등쌀에 한 달을 채우지 못하고 월급도 못 받은 채 직장을 그만두었다. 가족들에 의해 강제로 제주도에 납치(?)되는 일까지 벌어졌다. 우여곡절 끝에 다시 서울로 올라온 뒤 둘은 동거를 시작했다.

"자기 자식도 장애인인데, 부모님이 장애인에 대한 편견이 너무 심했어요. '지금은 잘해줄지 모르지만 나중에는 저 사람이 너를 때리고 괴롭힐 거다.' 이런 이야기는 아직도 용서가 안 돼요." (김영희)

3월 21일 최정환 열사의 분신, 그리고 11월 28일 이덕인 열사의 의문의 사체가 발견되었던 파란만장했던 그해, 1995년을 앞둔 무렵이었다.

4

열사를 좇아,

열사와

함께

1993년 2월 25일 출범한 김영삼 정권은 그동안 한국 민주주의에서 실질적 위협이던 군사 쿠데타를 차단하기 위해 군대 내 사조직이던 하나회를 없앴다. 또한 각종 비리의 근본적 해결책으로 금융실명제를 도입했다. 그리고 오랫동안 불법 단체로 탄압받았던 전국교직원노동조합의 합법화 논의를 진행하는 등 일련의 개혁 정책을 펼쳤다. 당연히 집권 초기 대통령의 지지율은 고공행진했다. 반면 사회운동은 더 위축될 수밖에 없었다. 김영삼 정권은 스스로 '문민정부'라고 칭했듯이 과거 군사독재 정권과 차별화를 강조하며 집권의 정당성을 일정 부분 인정받았다. 하지만 민주화운동이나 사회운동, 특히 노점상이나 철거민과 같은 도시빈민 운동에 대한 탄압은 한층 가혹해졌다.

김영삼 정권은 장애인 관련 정책 또한 실효성 없는 선심성 정책을 펼쳤다. 당시 장애우권익문제연구소 자료를 보면, 집권 후 첫 번째로 발표한 30대 정책과제에 장애인 관련 정책은 '지하철 무임승차', '고속도로 통행료 50% 할인' 등만이 포함된 점 등에서 알 수 있듯이 시혜와 선심성 정책으로 일관하며 노동, 교육, 이동권 등 구체적 예산이 소요되는 부분은 다음 정권에 미루었다.[1]

한 가지 눈여겨볼 지점은 장애인 정책 수립 및 결정 과정에 중앙장애인복지위원회, 장애인고용위원회 등을 구성해 장애인 당사자들의 형식적인 참여를 보장함으로써 관변 장애인 단체를 제도권 내로 포섭하기 시작했다는 것이다.

이러한 가운데 1993년 8월 장청과 장한협이 통합해 전장협이 출범했다. 전장협은 출범 초기에 사단법인 중심의 주류 장애인 단체들의 주도권 다툼을 비판하는 가운데 장애인 의무 고용률 하향 조정의 움직임을 막기 위한 싸움에 주력했다. 당시 전국경제인연합회(전경련) 등은 기업에 부담이 된다며 장애인 의무고용률을 2%에서 1%로 하향 조정하자는 등의 의견을 밀어붙였다. 이에 전장협 활동가 다섯 명은 1993년 8월 27일 당시 야당이었던 평민당 당사를

---

1) "김영삼정부의 장애인복지정책, 어떻게 달라졌나", 장애우권익문제연구소 창립 9주년 기념 심포지움, 1996. 주로 장애인 복지정책에 집중해왔던 장애우권익문제연구소는 설립자였던 이성재 변호사가 김대중 정부 집권 이후 여당 국회의원과 복지부장관이 되고, 이사장인 김성재 교수가 청와대 비서실장이 되면서 그 힘을 바탕으로 한국장애인단체총연맹을 결성하는 등 제도권 내 장애인운동의 가장 영향력 있는 단체가 되었다.

점거해 단식농성을 시작했고 이를 규탄하는 대중 집회를 열기도 했다. 전장협을 중심으로 한 장애인계의 강력한 반발에 부딪히자 정치권은 의무고용률은 건드리지 않으면서도 중증장애인 한 명을 고용하면 경증장애인 두 명을 고용한 것으로 간주하는 '중증장애인 2배수 고용인정제', 장애인 직업 시설에 하청을 주면 해당 기업이 장애인을 고용한 것으로 간주하는 '연계고용제' 등 기업의 부담을 경감하고 장애인 의무 고용을 약화하는 장애인고용촉진법 개정안을 내놓는다. 결국 입법 과정에서 중증장애인 2배수 고용인정제는 철회되었으나 연계고용제는 1995년 개정된 법률에 포함된다.[2]

이렇듯 장애인고용촉진법을 둘러싸고 첨예한 논쟁과 반발이 문제가 되었던 것은 그만큼 당시 장애인 노동의 문제가 핵심 의제로 자리하고 있었기 때문이다. 1995년도 한국보건사회연구원의 실태조사를 보면, 경제 활동을 하는 취업 장애인의 절대다수가 임금 노동에서 배제된 채 노점상 등 영세 자영업에 종사하고 있었다. 결국 당시 전장협은 장애인의 노동권 확보를 위해 한 축은 장애인 의무 고용률을 준수하라는 투쟁을 이어가고 또 다른 축은 현실적으로 노점상 탄압 및 도시 빈민 운동과의 연대를 강화한다. 빈민운동과의 연대는 1995년 3월 서초구청에서 분신한 장애인 노점상 최정환 열사의 죽음이 크게 영향을 미쳤다.

---

2) 중증장애인 2배수 고용인정제 또한 여러 논란 끝에 2008년 도입되었다.

최정환 열사 장례투쟁과 장애인자립추진위원회

1958년 대전에서 태어나 부모에게 버림받고 고아로 자란 최정환 열사는 1979년 교통사고로 하반신을 쓰지 못하는 중도 장애인이었다. 잠시 장애인 시설에서 생활하다가 사회에 나와 껌, 수세미 등을 판매했다. 1980년대 말 휴대용 카세트 플레이어가 유행하자 불법 복제 카세트테이프를 파는 노점을 하게 된다. 도심 거리거리마다 불법 복제 테이프에서 유행가가 울려 퍼지던 시절이었다.

삼륜오토바이에 스피커와 배터리 등을 싣고 강남역 근처에서 노점을 하던 열사는 여러 차례 단속당하다가 1994년 서초구청 단속반의 폭력에 다리가 부러지는 중상을 입기도 했다. 부상에서 회복한 열사는 1995년 3월 초, 카세트테이프를 팔던 중 장사 밑천인 스피커와 배터리를 단속반에게 압수당하게 된다. 3월 8일 저녁 최정환 열사는 서초구청에 빼앗긴 물품을 찾으러 갔지만 모멸적인 언사와 함께 무기력하게 구청 앞마당으로 내쫓겼다. 열사는 그날 밤 9시 30분 서초구청 앞마당에서 시너 1리터를 제 몸에 붓고 불을 댕겼다. 전신 88% 화상을 입고 인근 병원인 강남시립병원 중환자실로 이송된 열사는 사경을 헤맸다. 그가 동료에게 남긴 마지막 말은 "400만 장애인을 위해서라면 죽어도 좋다. 복수해 달라"였다.

불과 한 달 전 대통령 김영삼은 "21세기 세계화 시대의 국가 목표는 ⋯ 모두가 동경하는 나라이며 대내적으로 국민 한 사람 한 사람이 풍요롭고 편안한 부민안국(富民安國)의 나라"라고 선언했다. 최정환 열사의 죽음은 결국 그 '국민'에 장애인이나 노점상 '따위'는 낄 수조차 없다는 것을 상징적으로 보여준 사건이었다.

장애인이자 노점상인 그의 분신 사실을 가장 먼저 알게 된 단체는 1980년대 후반부터 도시빈민 생존권과 노점상 합법화를 위해 활동하던 전국노점상연합(약칭 전노련)이었다. 그다음 날인 3월 9일 최정환 열사가 회원으로 활동하던 대한성인장애인복지협의회, 그리고 전장협도 현장으로 달려갔다. 곧이어 세 단체의 제안으로 '장애인 노점상 최정환 분신 사건에 관한 진상규명 및 관련자 처벌을 위한 비상대책위원회'가 꾸려졌다. 정태수는 비상대책위에서 집행위원을 맡았다.

비상대책위는 3월 11일 오전 서초구청 앞에서 폭력적인 단속에 항의하는 규탄집회를 열고 최정환 열사의 삼륜 오토바이를 불태웠다. 3월 16일에는 장애인, 노점상 단체뿐만 아니라 민주노동조합총연맹(준), 전국노동운동단체협의회, 전국농민회총연맹, 민주주의민족통일전국연합 등 전체 사회운동 단체들이 참여한 '살인단속 분쇄 및 장애인 노점상 최정환 사건 규탄대회'가 열렸다. 전례 없는 일이었다. 문민정부의 허울 좋은 세계화와 법치를 앞세우며 양보만을 강요하는 태도에 대한 민중들의 분노가 이 투쟁을 계기로 터져 나온 것이다.

최정환 열사가 3월 21일 끝내 숨을 거두자 비상대책위를 '장애인 노점상 최정환 열사 빈민장 장례위원회'로 전환하고 연세대학교 노천극장에서 장례를 치르기로 결정했다. 경찰은 강남시립병원 영안실을 봉쇄했다. 그러자 장례위원회는 전노련 회원의 생선 판매 트럭에 시신을 옮겨 싣고 몰래 연세대로 가려고 했다. 하지만 병원 문을 나서자마자 시신이 실린 트럭을 통째로 경찰에 탈취당하고 만다.

당시 전장협과 전노련에서는 이 사건을 대한성인장애인복지협 의회가 경찰과 야합한 것으로 의심했다고 한다. 결국 최정환 열사 의 장례식은 3월 25일 경기도 용인천주교공원묘원에서 소수만이 참여한 가운데 치러졌다.

"그날 연세대에서 노제를 치르려고 학생들이랑 노동자, 운동단체 활동 가 등 삼천여 명이 대형 상여와 부활도 등을 만들어 대기하고 있었어요. 강남시립병원 영안실에도 대학생들이랑 전노련, 전장협 활동가들이 쇠 파이프 들고 지키고 있었거든요. 그런데 나중에 안 사실이지만 성장협 (대한성인장애인복지협의회) 회원 한 명이 금전적 보상을 받고 경찰에 보 증을 섰나 봐요. 결국 그렇게 시신을 빼돌려서 조용히 장례를 치러버렸 어요. 그날 연세대에서는 거리로 진출하려는 장례식 참가자들과 전경 사이에 큰 충돌이 벌어졌죠." (김종환)

연세대 정문에서 도로로 진출하려는 장례 행렬은 이를 막는 경찰에 화염병으로 맞섰고 최루탄도 난무했다. 김영삼 문민정부가 들어서고 잠깐 사라졌던 화염병 시위가 다시 시작되었을 만큼 도시빈민과 장애인들의 분노는 컸고 격렬한 저항으로 이어졌다. 24~25일 이틀 동안의 장례투쟁은 186명이 연행되고 두 명이 구속된 큰 싸움이었지만 결국 별다른 성과 없이 마무리되었다.

그 투쟁의 중심에 있던 정태수 열사는 최정환 열사 장례투쟁을 어떻게 평가했을까? 그의 다이어리에 끼어 있던 평가서 '최정환 열사 분신 투쟁 평가'의 자필 메모에는 '전장협의 역량 부재'와 '동력의 부재'라는 구절이 쓰어 있다. 자신이 속한 조직의 역량과 동력의 부재를 정태수는 투쟁의 과정에서 직접 확인했다. 그 현실을 자각하는 과정 자체가 고통일 수밖에 없는, 참으로 뼈아픈 평가이다.

그렇지만 이 투쟁은 도시빈민이 중심인 노점상 운동과 장애인 운동이 만나게 된 시발점이기도 했다. 전장협은 최정환 열사 장례투쟁의 결과물로 1995년 5월 조직 내에 노점분과를 만들고 전노련과 함께 장애인자립추진위원회(약칭 장자추)를 결성했다. 도무지 제도권 노동시장에 편입하지 못하는 중증장애인들에게 노점을 통해서라도 생존권을 쟁취하자는 취지였다. 장자추에서 박흥수는 집행위원장, 정태수는 조직부장을 맡으면서 본격적으로 거리로 나오게 된다.

여기서 거리로 나왔다는 것은 두 가지 의미가 있다. 하나는 장애인을 조직하기 위해 현장으로 나왔다는 것이고 또 하나는 최정환 열사 장례투쟁 등으로 경찰에 지명수배가 되어 집으로 들어갈 수 없게 되었다는 것이다.

"최정환 열사 장례투쟁이 끝나고 태수 형은 장애인 생존권을 노점을 통해 확보하자고 해서 청계천, 강변역,[3] 이런 데 가서 직접 노점도 차리고 그랬어요. 그런데 수배가 떨어져서 한 달인가 두 달인가 도피 생활을 해야 했어요. 나는 결혼을 반대하는 집안의 탄압을 피해 자취방에 못 들어가고 태수 형은 수배당해서 집에 못 들어갔죠. 그때 태수 형 어머니가 마련해준 차가 현대 엑셀이었는데 함께 그 차를 타고 전국 각지를 돌면서 도피 생활을 하며 연애도 한 거죠." (김영희)

사람 만나는 것을 제일 좋아하고 중요하게 생각했던 정태수는 이때다 싶어 전국 각지를 돌며 사람들을 만나러 다녔다. 운전석 옆 자리에 사랑하는 이가 함께 있으니 심심할 일도 지루할 일도 없었다. 아니 어쩌면 이 시기가 정태수에게는 가장 자유롭고 행복한 시

3) 청계천 '도깨비시장' 등지는 한때 서울시 추정 3천여 명이 장사했던 곳으로 서울 시내에서 가장 큰 노점상 밀집 지역이었다. 2002년 한일월드컵을 앞두고 이명박 서울시장이 본격적으로 단속, 철거에 나섰고 서울시의 청계천 복원사업으로 그 현장은 사라졌다. 서울 강진구에 위치한 강변역은 용산전사상가처럼 컴퓨터, 노트북 등 각종 디지털 기기를 판매하는 대형 테크노마트가 건립되면서 새롭게 노점상 거리가 조성되던 지역이었다.

간이었을지도 모른다.

"전국 방방곡곡을 엄청나게 돌아다녔어요. 그때는 둘 다 젊었을 때라 피곤한 줄도 모르고. 또 지방에서는 서울에서 왔다고 하면 엄청 잘해주잖아요. 모두 우리를 반갑게 맞아주고, 챙겨줬죠." (김영희)

지명수배와 구속

장자추는 장애인과 비장애인 2인 1조로 한자리에서 노점을 하고 수익을 절반씩 나누는 구조였다. 전장협 측의 진두지휘를 맡은 이는 박흥수였다. 1995년은 전국노동조합협의회(전노협)에 이어 전국민주노동조합총연맹(민주노총) 준비위원회가 활동하던 때이다. 사회운동은 노동운동을 주력 운동으로, 장애, 여성, 빈민 등 노동운동 이외의 운동은 부문 운동으로 인식하던 시기였다. 전장협 또한 장고법 제정 투쟁 이후 장애인의 노동권 쟁취가 핵심 의제 중 하나였다. 이에 장자추를 통해 사회구조적으로 노동 현장에 들어갈 수조차 없는 장애인의 일자리를 확보하고 동시에 생존권을 확보하는 투쟁의 현장으로서 노점 확보 싸움에 임했다. 지금은 사라진 청계천 도깨비시장, 동대문운동장 주변 등 노른자 자리는 정부의 회유와 협박 또는 안정된 자리 확보 이후 전노련을 탈퇴한 노점상들이 수익을 올리던 곳이었다. 이에 비해 노른자 자리 주변으로 확대해 나가거나 이제 막 개발되어 상권이 형성된 곳은 전노련과 전노련에 가입하지 않는 노점상들이 각축을 벌이는 지역이었다. 기존 노점상들뿐만 아니라 주말에만 장사하는 이른바 '떳다방', 세금도 월세도 내지 않고 장사하는 노점상을 고깝게 보는 해당 지역 상점 주인들도 다 맞서 싸워야 할 대상이었다. 그런 알력과 이권 다툼 속에서 전노련에게는 회원 확대가 곧 영향력 확대를 의미했고 동시에 회원들의 생존권을 보장하는 핵심 사업이었다.

"장자추가 꾸려진 뒤 저도 청계전에서 장사를 시작했어요. 그 당시 흥수 형은 옆에 한 사람을 태우는 삼륜오토바이를 탄 채 우리가 확보하기로 한 노점 자리에 대놓고 밤을 새우는 거예요. 그렇게 해야 자리를 차지할 수 있으니까. 단속반하고만 싸우는 게 아니라 기존 노점상하고도 싸우면서 자리를 확보해야 했죠. '도깨비시장'으로 불리던 청계천 삼일아파트 13동 앞을 시작으로 이후 장자추가 확보해 나간 자리가 20~30개는 되었죠." (김종환)

"노점 확보 투쟁이 시작되면서 흥수 형은 그야말로 물 만난 고기 같았어요. 사실 우리는 길바닥에서 자고 그런 게 쉽지 않아요. 해본 적도 없고. 그런데 흥수 형은 그게 그냥 체질이었죠, 너무 좋고 잘 맞는 거야. 결국 흥수 형을 중심으로 장자추가 활동하게 될 수밖에 없었죠." (이상호)

장자추 사업은 청계천8가 삼일아파트 13동 앞에 노점 자리 한 개를 성공적으로 확보한 뒤 점차 강변역, 종로, 경동시장 등으로 확대된다. 특히 청계천 도깨비시장은 당시 주말에는 발 디딜 틈이 없을 정도로 활성화된 상태였고 장차추도 이후 삼일아파트 16동, 그리고 20동에서 24동까지 20여 개의 노점 자리를 추가로 확보했다. 이후 이 자리들은 장자추 사업의 근거지 역할을 한다.

한편 당시 경찰은 정태수를 구속하려고 집요하게 쫓아다녔다. 전장협 조직국장으로서 최정환 열사 비상대책위와 장례위원회 집행부였지만, 그렇다고 대표나 위원장직을 맡았던 것도 아닌 그를 경찰은 왜 그렇게 잡으려고 했을까? 김영희는 '경찰서 탈주 사건' 때문이라고 추측한다.

"사실 그때 지명수배가 된 걸 몰랐어요. 어느 날 나랑 만나기로 한 장소를 착각한 채 서둘러서 나를 데리러 오느라 남대문경찰서 앞에서 불법 유턴을 하다가 경찰에 딱 걸린 거예요. 신원조회를 하니까 수배자로 뜬 거죠. 경찰이 남대문경찰서에 차를 대고 일단 조사하자고 경찰서로 데리고 갔어요. 그 당시는 삐삐(무선 호출기)를 쓰던 때인데 조사 중에 태수 형이 저한테 삐삐를 보낸 거죠. 확인했더니 '지금 내가 이러저러해서 남대문서에 잡혀 있으니 동료들에게 알려 달라'는 내용이었어요." (김영희)

김영희의 연락을 받은 장자추 소속 장애인들, 그리고 전노련 회원들까지 수십 명이 곧바로 남대문경찰서에 들이닥쳤다. 경찰서 조사실은 순식간에 난장판이 되었다. 지명수배를 내렸던 인천경찰서 형사들이 올 때까지 유치장에서 대기하던 정태수를 보고, 어떤 이는 영장이 발부됐느냐며 영장을 보자고 소리치고, 또 누구는 저 사람이 왜 저기 갇혀 있냐고, 나도 갇히겠다며 10여 명이 유치장에 난입하기도 했다.

"결국 남대문서 형사들이 너무 시끄러워 감당이 안 되니까 인천 형사들이 영장을 들고 태수 형을 데리러 올 때까지 민원실에 가서 대기하게 했어요. 그런데 잡힌 지 6시간이 되길 기다려서[4] 그 시각이 넘자마자 민원실을 나와서 밖으로 나갔죠. 민원실에서 웬 장애인이 나오니까 사정을 모르던 경찰인가 의경인가는 계단을 내려가는 태수 형을 부축까지 해줬어요. 그런데 저기 인천에서 경찰버스가 들어오는 게 보이는 거예요."
(김영희)

다시 한번 남대문경찰서 앞 주차장에서 난장판이 벌어졌다. 뒤

---

4) 형사소송법상 범죄 현장에서 긴급 체포된 경우거나 법원의 체포영장 발부 없는 연행일 경우 임의동행에 해당하며, 임의동행의 경우 6시간을 넘길 수 없다. 그 '6시간'을 의미한다.

늦게 달려 나온 형사들, 이미 자신의 차에 탄 정태수와 김영희, 차를 막아선 형사들, 버스를 막아선 전노련과 전장협 회원들, 그 아수라장 사이에서 정태수는 무사히 현장을 빠져나오는 데 성공했다. 이 사건 이후 형사들은 눈에 불을 켜고 정태수를 잡으려고 지인의 집이며 단체 등을 쑤시고 다녔다. 당연히 정태수의 차가 표적이 되었기에 정태수는 김종환, 박경석 등과 차를 바꿔 타고 '도피 생활'을 이어가기도 했다.

"형사가 태수 차를 졸졸 따라다니니까 제 차랑 바꿔 탔죠. 제가 태수 차를, 태수가 제 차를 타고 다녔어요. 그러니까 저를 계속 쫓아다니더라고요. 어느 날은 노둣돌 노래패 연습을 마친 뒤 숙대 앞에 자취하는 후배를 데려다주고 차를 돌려 나오는데 좁은 골목길에서 나를 미행하던 형사들 차와 딱 마주쳤어요. 여기 차 돌릴 곳도 없으니 뒤로 빼라고 손짓했죠. 저를 미행하던 차가 긴 골목길을 후진해서 빼더라고요. 차를 바꿔 탔으니 언젠가는 태수와 만날 거로 생각해서 계속 따라다녔겠죠." (김종환)

"그렇게 2~3개월 도피 생활을 하던 중에 어느 선배가 인천경찰서랑 다 이야기가 되었으니 가서 형식적인 조사만 받으면 된다고 하더라구요. 조사받으러 경찰서에 갔다가 바로 구속된 거죠." (김영희)

정태수가 구속된 뒤 갈 데 없는 처지가 된 김영희는 앞으로 시댁이 될 정태수 부모님 집을 찾아가 태수 방에서 기거하며 옥바라지에 들어갔다. 당시 교통상황에서 한 번 면회하려면 서울 강동구 천호동에서 인천 학익동 인천구치소까지 왕복 대여섯 시간은 족히 걸리는 거리였다.

> "매일 매일 너를 5분이라는 매우 짧은 시간 동안 보지만 끝내고 다시 창살 안으로 돌아오면 내 영혼이 너를 쫓아 천리만리 달려가다 지쳐 목이 메어오고 다시 한숨이 땅이 꺼져라 쉬어 나온다. (중략) 매일 하루도 거르지 않고 여기까지 오는 것이 쉽지 않은 걸 안다. 몸과 마음이 피곤하고 잠깐 보러 몇 시간씩 교통지옥을 뚫고 왔다가 다시 온 길을 갈 때 정말 따뜻하고 애틋한 사랑이 파도처럼 내 가슴 속 깊이 전해온다."
>
> – 멀리 인천에서 사랑하는 이가

정태수가 구치소에서 김영희에게 보낸 편지의 일부 내용이다. 편지의 발신인이 정태수가 아니라 다른 사람의 이름으로 되어 있는데, 아마도 당시 부모님 집에 머물고 있던 김영희에게 보내는 사랑 편지였기에 고심해서 찾아낸, 식구들로부터의 보안장치였을 것이다.

> "아침에 일어나서 면회하고 오면 하루가 저물었죠. 시어머니는 처음 구속되었을 때는 가족들이 숨겨서 모르셨겠지만 제가 들어오고, 매일 매

일 면회하니 자연히 아시게 되셨을 거예요. 많이 힘드셨겠죠. 하루는 베란다에서 깊은 상심에 빠져 계시던 어머님 모습이 기억나요. 결혼식도 안 올렸는데 그렇게 시댁에 들어가 지내는 게 저도 쉽지 않았고요." (김영희)

"저는 오빠에게 그런 일(구속)이 있었다는 걸 전혀 몰랐어요. 그때는 제가 대학에 다닐 때였는데 아무도 저한테 그런 이야기를 안 해줬어요. 오빠가 나중에 잘못되고 나서야 알았죠. 태수 오빠가 장애인운동, 인권운동 그런 걸 열심히 하고 있다는 것은 직접 오빠한테 들어서 알고 있었지만." (정미희)

정태수는 전장협의 조직적인 결정으로 최정환 열사 장례투쟁에 결합했고 그에 따른 구속이었다. 전장협은 그의 구속을 계기로 싸움을 더 확대할 수도 있었지만, 당시 선배 그룹은 제대로 된 항의는 커녕 구속된 그를 잘 챙기지도 않았다. 애초부터 경찰 조사만 받으면 된다는 그들의 약속이 지켜지지 않은 것부터 책임을 밝혀야 했지만 그런 움직임도 전혀 없었다. 이를 지켜본 김영희는 크게 실망한다.

"여기(전장협) 좀 이상하다, 선배들이 말만 앞세울 뿐 좀 문제가 많다고 생각했죠. 한 번은 면회하러 갔더니 태수 형이 '아무래도 내 사건이 누구

사건이랑 병합된 거 같다'는 거예요. 그래서 제가 민변(민주사회를 위한 변호사모임)에 직접 찾아가서 그 이야기를 해주니까 민변도 모르고 있더라고요. 그제야 부랴부랴 대책을 알아봤죠. 그런데 전장협 선배들에게서 제게 돌아온 말은 '네가 뭔데 나서냐?'는 반응이었어요." (김영희)

1995년 9월 20일 구속된 정태수는 1심 재판에서 집행유예를 선고받고 한 달을 조금 넘긴 10월 25일 출소한다. 그로부터 한 달여 뒤 인천 아암도에서 망루농성 투쟁 중에 사라졌던 한 장애인 노점상의 시신이 발견된다. 정태수와 동갑내기이자 장자추 인천시 아암도지부 총무였던 스물여덟 살 청년 이덕인이었다.

인천 아암도에 세워진 장자추 망루

1980년대 도시빈민과 장애인 등에 대한 정부의 정책이 '부랑인' 등을 판자촌과 함께 눈에 띄지 않는 곳으로 쫓아내는 것이었다면 1990년대 들어서면서 그 양상이 달라졌다. 당시에는 아직 등장하지도 않았던 '신자유주의 개발 정책'과 그에 따른 '젠트리피케이션' 현상[5]이 그것이다. 구체적으로 1989년 노태우 정부가 발표한 1기

5) 낙후된 구도심 지역이 활성화되어 중산층 이상의 계층이 유입됨으로써 기존의

신도시 계획에 따라 건설된 일산, 분당, 부천과 산본 등의 대규모 아파트 단지 건설이 1990년대 초반에 마무리되고 입주가 시작되면서 토지 수용으로 일부 벼락부자가 만들어지는 반면, 한쪽에선 도시빈민들이 삶의 터전을 잃고 더욱더 외곽으로 내몰리게 된다.

김영삼 정부는 1993년 8월 개발 가능한 지역에 대한 개발 허가를 효율적으로 하기 위해 국토이용계획을 전면 개편했다. 1995년에는 복잡하고 시간이 오래 걸리는 건축 과정을 간소화해 건축 업자에게 이롭도록 건축법을 개정했다. 이는 1995년 본격적으로 시행된 지방자치제도를 활성화하기 위함이기도 했다. 이에 각종 허가권 등이 지방자치단체로 이관되었으며 여기에는 노점상 등의 관리, 단속 권한도 포함되어 있었다.[6]

김영삼 정부의 이러한 신자유주의 개발 정책에 맞춰 각 지방자치단체는 지역 발전과 수익성 창출이라는 목표를 내걸고 대형 백화점이나 쇼핑몰을 유치하고 관광단지 개발에 나서게 된다. 인천 연수구 송도유원지 후문에서 500여 미터 떨어진 아암도 또한 그 과정에서 인천시의 눈에 띈 곳이다.

저소득층 원주민을 대체하는 현상. 2000년대 들어와서야 이러한 개념과 용어가 한국 사회에 소개되었다.

6) 김준희, "노점상운동의 역사와 주요 쟁점", <도시와 빈곤> 97호, 한국도시연구소, 2012.

송도유원지는 1960년대부터 유명 관광지였다. 또한 바닷물이 빠지면 돌다리가 드러나 마치 홍해처럼 길이 열리는 아암도 역시 많은 사람이 찾는 곳이었다. 그러나 섬 자체가 너무 작아 그전까지는 인천시가 발간한 관광 안내 지도에도 빠져 있었다. 그런데 1994년 아암도 앞 갯벌까지 송도 3공구 매립공사가 완료되고 해안가를 따라 쳐졌던 군부대 철책선이 제거된다. 이어 해안도로가 뚫리면서 아암도는 바다에서 석양을 즐기고 갯벌 체험을 하는 관광명소로 떠올랐다.

1995년 3월부터 관광객이 아암도로 몰려들면서 노점상들도 포장마차를 치고 상권을 형성했다. 장자추도 청계천에 이어 그해 여름부터 장애인 한 명과 비장애인 한 명, 2인 1조로 아암도에 포장마차를 치기 시작했다. 당연히 먼저 자리를 잡았던 이들과의 충돌과 갈등은 불가피했다. 한편 인천시는 몰려드는 노점상에 대한 대책으로 조직폭력배들과 관계된 철거 용역 업체인 '무창'에 관리를 맡겼다.

전노련에서 활동하며 최정환 열사 장례투쟁 이후 장자추 결성

과정에서 이덕인과 알게 되었다는 최인기의 증언이다.

> "1995년 9월, 가을로 넘어가는 시점에 인천지역 폭력조직인 소위 '꼴망파' 조직원들이 개입해 장사를 방해하기 시작했어요. 좌판을 깔기 시작하면 이들과 싸움으로 하루도 편할 날이 없었죠. 당시 총무를 맡고 있던 이덕인은 장애인이었지만 상대적으로 나이가 젊었기에 이들과의 충돌에서도 언제나 앞장섰죠. 한 번은 꼴망파 행동대원들이 아암도에 들이닥쳐 노점과 좌판, 포장을 걷어치우기 시작했는데 덕인이가 끝까지 맞붙어서 지키기도 했어요." (최인기)

지역 조직폭력배들의 행패와 더불어 인천 연수구의 대대적인 단속이 예고되자 장자추 인천지부는 10월경부터 망루투쟁을 계획한다. 망루를 세우고 투쟁하는 고공농성 방식은 1990년 4월 울산 현대중공업 노동자들이 파업투쟁 중 공권력의 탄압을 피해 거대한 크레인에 올라가 투쟁한 일명 '골리앗 투쟁'으로 잘 알려져 있다. 노동자나 철거민, 노점상 등이 투쟁 현장에 구조물을 세우고 망루로 삼아 투쟁하는 전술로서 생존권을 방어하는 최후의 수단 중 하나인 셈이다.

1995년 11월 24일 새벽 4시경 장자추 인천지부는 기습적으로 망루를 세웠다. 인천시청과 연수구청의 상황을 살피던 전노련 회원들이 전경 버스 30대, 철거 용역을 태운 관광버스 4대가 연수구 일

대를 돌고 있다는 것을 확인한 직후였다. 해안가에 10여 미터 높이의 망루를 세우고 장애인 노점상 등 25명이 망루에 올랐다. 나머지 20여 명은 아암도 주차장에 모여 투쟁을 준비했다.

인천시와 연수구청도 시간을 지체하지 않았다. 오전 7시, 구청 직원과 경찰, 철거용역 300여 명이 푸른색 '청카바'를 입고 현장에 나타났다. 타이탄 트럭 15대, 덤프트럭 5대, 포클레인 3대, 물대포용 소방차 3대도 도착했다. 김대중 정권 시절인 2000년에 발족해 이덕인 열사 사건을 조사했던 1기 의문사진상규명위원회의 조사 결과를 보면, 이날 연수구청 직원 357명, 경찰관 96명, 경찰기동대 600여 명 등 총 1,253명이 동원되었다. 또한 철거 용역업체 직원들도 1,000여 명으로 늘어났다. 50여 명도 되지 않는 노점상을 단속하는데 그야말로 군사작전을 벌인 것이다.

포클레인을 앞세워 망루 앞 바리케이드와 노점 포장마차를 철거하기 시작하고, 뒤이어 물대포가 망루를 향해 뿜었다. 11월 말 매서운 초겨울의 한파가 이어지던 때였다. 망루가 흔들리자 위기감을 느낀 농성자들은 화염병을 던지며 저항했다. 오후 4시경이 되어서야 망루를 강제로 철거하려는 시도가 중단되었다. 대신 방송 차량을 통해 망루에서 자진해서 내려올 것을 종용하는 한편, 망루 주변 수백 미터 교차로부터 3단 철조망을 두르고 철저히 봉쇄에 나섰다. 저녁 무렵 농성자들에게 의약품과 생필품을 전달하려던 장애인과 노점상 수십 명은 폭력적인 진압으로 대거 연행되었다. 그렇게 길었던 하루가 지났다.

"26일에 먹을 것이랑 의료품 등을 구하려 11명이 망루에서 내려왔다가 모두 연행되기도 했어요. 그 뒤로 28일까지 제대로 먹지도 못하고 물대포를 맞아 추위에 떨던 농성자들이 고통을 호소했지만 아무런 조치도 이뤄지지 않았죠. 그리고 먼저 내려갔던 이덕인 열사가 사흘 만인 28일 새벽에 시신으로 발견되었죠. 망루에서 농성하던 사람들은 이덕인 열사가 사망했다는 소식을 듣고 모두 망루에서 내려와 경찰서로 연행되면서 농성투쟁은 끝이 납니다." (최인기)

이덕인 열사 장례투쟁

이덕인은 전남 신안에서 태어나 고등학교 1학년 때인 1983년 가족과 함께 인천으로 올라왔다. 그는 정태수와 동갑내기인 1967년생으로 둘은 어쩌면 서로를 각별히 여겼을지도 모르겠다. 어릴 적에 소아마비를 앓아 다리를 살짝 절던 이덕인은 장자추가 결성되자 인천지부 총무 일을 보면서 동시에 공무원 시험을 준비하고 있었다.

망루농성에 함께했던 이덕인은 총무로서 생필품을 조달해야 한다는 책임감, 그리고 연행되어 구속될 경우 공무원 시험을 볼 수 없을지도 모른다는 걱정 또한 있었을 것이다. 26일 저녁 8시경 그는 망루 내 상황을 외부에 알리기 위해 동료와 함께 망루에서 탈출을 시도한다. 경운기 정도가 다니는 해안가의 샛길을 따라 몰래 이동하던 중 이덕인 뒤를 따르던 동료는 경찰에 발각되었다고 판단해 망루로 돌아가고 이덕인은 손짓으로 동료에게 인사한 뒤 어둠 속으로 사라졌다.

그리고 11월 28일 새벽, 망루농성 중이던 이들에 의해 해변에서 이덕인 열사의 시신이 발견되었다. 상의와 신발이 벗겨진 채 두 손목이 밧줄에 묶여 있고 온몸에 상처와 멍이 생긴 상태였다. 경찰은 시신을 인천 세광병원으로 옮겼다. 하지만 유족들은 시신을 다시 인천 길병원에 안치했다. 누가 봐도 바다에 빠져 익사했다고 볼 수 없었기에 정확한 사인 규명을 요구하기 위함이었다. 장자추를 비롯한 여러 단체도 길병원 영안실에 모여 대책위원회를 꾸리고 경찰과 함께 시신 부검을 제안했다. 하지만 돌아온 것은 공권력의 영안실 침탈이었다.

"공권력은 깨진 유리와 벽돌을 집어던지고 쇠파이프와 곤봉을 휘두르며 순식간에 영안실에 접근하였고 당황한 학생들과 민주단체 회원들은 공권력이 휘두르는 쇠파이프에 머리가 터지고 얼굴이 깨어지면서도 어떻게든 시신을 지키고자 모래와 각목 등(영안실 입구에 내부 공사중이었음)을 집어들고 저항하기에 이르렀다. 그러나 순식간에 몰려든 공권력의 폭력 앞에 시신을 지키던

100여 명은 무참히 짓밟히고 말았다. 이 과정에서 대학생 40여 명이 중경상을 입었으며, 20여 명이 공권력에 끌려가 중상(머리가 터져 20~30여 바늘을 꿰매고 안면이 함몰되고 쇠파이프에 맞아 실명의 위기에 처하는 등 부상)을 입은 11명을 제외한 경미한 부상자 9명을 경찰서로 연행…… (하략)"[7]

경찰은 병력을 동원해 병원 장례식장 콘크리트 벽을 뚫고 대책위원회와 학생들 100여 명이 지키고 있던 영안실에 난입했다. 그리고 시신을 탈취한 후 이덕인의 형을 강제로 끌고 가 동의서를 작성하게 한 뒤 자체 부검했다. 곧바로 경찰은 이덕인의 사인을 익사로 발표했다.

"1991년 박창수 열사[8] 때도 그랬다는 이야기를 듣기는 했지만 눈앞에서 보기는 처음이었죠. 진짜 두꺼운 병원 콘크리트 벽을 오함마로 부숴서 구멍을 낸 다음에 신참 전경들을 구멍으로 밀어 넣는 거예요. 두 군데인가를 뚫고 들어왔어요. 아수라장이었죠. 우리 말고 다른 빈소도 있는데 막 군홧발로 짓밟고 다녔어요. 그때 시신을 지키려고 싸우다가 경찰의 무자비한 폭력으로 인하대 학생 두 명인가 실명했어요. 결국 경찰은 이덕인 열사를 강제로 부검해 익사로 발표했죠. 더는 부검할 수 없게 시신

----

7) 전장협 활동기록집 <장애해방 그 한길로!>, 98쪽.
8) 1991년 한진중공업 노동조합 위원장. 대기업 노동조합으로서 유일하게 전노협에 가입을 추진하던 중 경찰에게 납치되었다가 의문의 주검으로 발견되었다.

의 내장을 다 들어내고 살갗만 남겨서 유족들에게 돌려보냈어요. 어머니는 20여 년이 훨씬 지났는데도 추모제에서 발언하실 때면 그때 시신을 훼손한 것에 대해 이야기하며 통곡하세요. 그 시신을 붙들고 유가족과 대책위가 다섯 달을 싸웠어요." (김종환)

이후 이듬해 4월까지 이어진 이덕인 열사 장례투쟁은 이렇게 시작되었다. 그 중심에는 '장애인 노점상 이덕인 열사 사인 진상규명과 책임자 처벌 및 빈민생존권 쟁취를 위한 비상대책위원회'가 있었다. 장자추를 이끌던 박홍수와 이제 막 출소한 정태수도 최정환 열사 장례투쟁 때와 마찬가지로 대책위원회 집행위원을 맡아 현장을 지켰다. 당시 전노련에서 여성부장을 맡고 있던 유희는 이 무렵 정태수를 이렇게 기억한다.

"정태수 열사는 청계천8가 노점상 투쟁할 때부터 보기는 했는데, 이덕인 열사 투쟁하면서 같이 회의도 하고 그랬죠. 그때 내가 좀 과격했어요. 별동대를 조직해서 인천남부경찰서 같은 데를 타격 투쟁하자고 그러면 누가 막 반대하고 그랬죠. 그때 정태수 열사는 저와 제 주장에 반대하는 사람, 둘 모두에게 좀 수위를 낮추고 서로 대화로 접점을 만들어보자, 그런 역할을 회의에서 많이 했어요. 뭔가 자기주장을 관철하기보다는 소통이 되도록 만드는 사람이었죠." (유희)

빈민 장애인의 의문사와 시신 탈취라는 김영삼 정권의 반인륜적 폭력에 분노한 각계 사회운동 단체들은 진상규명과 책임자 처벌을 요구하며 투쟁을 이어갔지만, 정부와 인천시는 모르쇠로 일관했다. 언제 다시 장례식장을 침탈할지 모른다는 걱정 속에 시간이 흐를수록 장례투쟁은 약화되었다. 언론에서도 서서히 잊히기 시작했다. 무엇보다 장자추가 야심차게 벌인 사업의 결과가 공권력의 벽에 막히고, 망루투쟁이 결국 소중한 장애인운동 활동가의 죽음으로 마무리되는 과정에서 박흥수의 상심이 깊어졌던 듯하다.

"영안실을 계속 지키는 일조차 쉬운 일이 아니었어요. 내부적으로 갈등도 있고. 영안실이자 대책위 상황실이기도 했던 그곳에서 살다시피 했던 흥수 형은 자주 술을 먹었어요." (김종환)

"정말 열심히 하기는 했지만 사실 당시 장애인운동 정도에서 할 수 있는 일이 많지 않았어요. 장애인단체로서는 여러모로 한계를 가질 수밖에 없는 상황이었죠." (이상호)

장자추와 전노련은 해가 바뀌어도 진상규명에 대한 아무런 진전이 없자 장례식장 밖으로 나와 한겨울에 인천 답동 성당 앞에서 노숙농성을 하기도 하고 삭발과 단식투쟁을 진행하기도 한다. 1996년 3월 말에는 유가족들과 함께 당시 야당이던 새정치국민회의 당사 점거농성에 들어가기도 했다. 하지만 정치권은 4월 11일 치러질 15대 국회의원 총선에 관심이 집중되어 있을 무렵이었다.

결국 이덕인 열사 장례투쟁은 진상규명과 책임자 처벌은 물론, 공식 사과조차 받지 못하고 1996년 4월 24일 장례를 치르며 막을 내렸다.

다시 거리로, 장애인고용촉진걷기대회

싸움이 길고 치열했던 만큼 패배의 상흔은 깊었다. 박홍수는 이덕인 열사 장례투쟁 이후 침잠에 들어갔다. 하지만 정태수에게는 그럴 여유조차 없었다. 전장협 조직국장으로서 이덕인 열사 장례투쟁 이전부터 소통하던 경남, 대전, 울산, 제주 등 전국의 8개 지부도 챙겨야 했고, 발달장애아동을 대상으로 한 '어깨동무공부방' 개설도 준비해야 했다. 무엇보다 1995년 4월 20일 민주노총(준)과 처음으로 함께했던 장애인고용촉진걷기대회의 성과를 바탕으로 1996년 4월 20일 장애인의 날[9]을 맞아 걷기대회를 더 성대하고 촘

---

9) 정부는 1981년부터 4월 20일을 장애인의 날로 정하고 관변단체 주도로 행사를 진행해왔다. 이에 진보 장애인운동계에서는 그 기만성을 폭로하고 저항하기 위해 지난 2002년부터 '4·20 장애인차별철폐의 날'로 명명하고 최옥란 열사의 기일인 3월 26일부터 노동절인 5월 1일까지 4·20투쟁을 진행한다.

촘하게 치르기 위한 준비를 서둘러야 했다.

최정환 열사 장례투쟁 직후 이 싸움을 계기로 연대하게 된 민주노총(준)과 전장협은 산업재해노동자협의회와 함께 1995년 장애인의 날을 맞아 서울 장충단공원에서 '장애인고용촉진을 위한 노동자·장애인 결의대회'를 개최했다. 당시 비합법 조직이던 민주노총(준)은 소속 1,200여 사업장 단체협약을 통해 장애인 의무고용 2% 준수를 전면적으로 제기하겠다며 장애인운동과 노동운동이 공동의 목표를 가지고 투쟁하겠다고 약속하기도 했다.

전장협, 특히 정태수는 한껏 고무되었다. 한국 사회에서 많은 조합원이 있고 가장 영향력이 큰 노동자 집단, 그 전국 조직이 오랜 시간 싸워온 장애인운동의 요구에 응답한 것이기 때문이다. 또한 장애인들만의 외로운 싸움이 아니라 비장애인 노동자 조직이 든든한 동지로 장애인운동의 곁에 서겠다는 약속이기도 했다.

이 약속이 공염불이 되지 않기 위해 1996년에는 한 발 더 내딛는 것이 필요했다. 정태수는 2월부터 전국을 돌며 장애인고용촉진걷기대회를 조직했다. 그저 4월 20일 단 하루 서울에서 모여 큰 집회를 여는 것이 아니라 전국의 전장협 지부가 있는 도시에서 순차적으로 장애인 고용촉진을 요구하며 걷기대회를 진행하고, 마지막으로 서울에서 최종 걷기대회를 한다는 계획이었다.

"전장협 집행부 회의에서 지부가 있는 제주부터 부산, 광주, 이렇게 지역

거점을 찍으면서 한 달 동안 전국을 돌며 고용촉진걷기대회를 열고 4월 20일 서울에서 크게 한판 하자고 기획했죠. 자연스럽게 조직국장인 태수가 보름 정도 각 지부를 돌기로 했어요. 제일 남쪽 제주지부부터 시작했어요.” (김종환)

“다 따라다니지는 못했지만 많이 따라다녔죠. 강릉에 친구들이 많아서 강릉도 다녀왔고. 대전인가 가는 길에는 칠갑산에 들러 사진도 찍고. 연애 겸 사업을 한 셈이죠. 하하. 지역에 가면 활동가들을 사무실이나 찻집에서 만나서 지부에 어떤 어려움이 있는지 태수 형이 듣고, 뭐 설명도 하고. 그런 걸 옆에서 지켜보면서 지부 사람들과 신뢰가 두텁게 쌓였다는 걸 느꼈죠. 제일 기억에 남는 건 전남 광주지부에 갔을 때인데 이미 대학 다닐 때부터 5·18에 대해 잘 알고 있다고 생각했는데 아니더라고요. 직접 광주 사람에게 들으니 아직도 말 못 할 울분, 그런 게 느껴지더라고요.” (김영희)

정태수는 동행한 박흥수와 함께 4월 7일 제주에서 시작해 9일 부산, 10일 울산, 12~13일 광주와 대전, 14~15일 온양과 청주, 17일 강릉, 19일 성남 등 13박 14일 동안 각 지역 도심에서 평균 1백여 명 이상이 참여한 가운데 장애인고용촉진걷기대회 및 결의대회와 행진을 진행했다. 모두 전장협의 지부가 있는 지역이었다.

"태수는 대회 준비를 위해 열 차례 전국을 돌아다녔는데 여관비를 아끼기 위해 차에서 잠을 자고 그랬어요. 그렇게 조직해서 전국 각 지부에서 자체적으로 결의대회를 열고, 마지막으로 서울에서 큰 규모의 걷기대회를 진행했죠." (이상호)

당시만 해도 서울이 아닌 지방에서 장애인들이 거리로 나와 행진하는 모습은 쉽게 볼 수 없는 장면이었다. 자신이 거주하는 도시에서 집회를 열고 행진하는 장애인들의 감회 또한 남다를 수밖에 없었을 것이다. 그해 걷기대회는 4월 20일 서울 대학로에서 대규모 집회로 대미를 장식했다. 전국에서 2천여 명이 모여 장애인 노동권 쟁취를 요구하며 서울 도심을 행진했다.

1996년 장애인고용촉진 범국민 걷기대회는 이례적으로 당시 KBS 저녁 <9시 뉴스>에서 다뤄질 만큼 성공적이었다. 언론이 장애인들의 '비참한 현실'이나 '미담'만 보도하는 것을 넘어 장애인의 노동과 일자리 요구에 주목하게 한 것도 큰 성과였다. 걷기대회 참가자들에게는 평소 많이 모여도 고작 200~300명이던 집회에 2천여 명이 넘게 모인 것 그 자체만으로도 감동적이었다. 이날 걷기대회에는 민주노총 권영길 위원장, 정치인 손학규 등 종교계, 노동계 등의 각계 주요 인사도 참여했다. 당시만 해도 누가 그 집회의 맨 앞자리에 앉는지, 누가 단상에서 마이크를 잡고, 몇 번째 순서로 마이

크를 잡는지가 집회를 준비하는 회의에서 대단히 중요하게 논의되었다. 이런 차원에서 장애인운동, 그리고 전장협은 이 대회를 기점으로 '시혜와 동정'의 운동 대상에서 벗어나 사회 각 분야 운동 세력과 동등한 연대 세력이 되었음을 보여주었다.

> "노동권이라는 의제를 새로운 방식으로, 더 급진적으로, 가장 노동할 수 없다고 치부되었던 그 주체들이 자신의 노동을 권리라고 주장하는 것, 이것을 정태수 열사가 장애인 노동권을 부활시켰다고 평가할 수 있죠. 장애인운동이 장애해방을 지향한다고 할 때 결코 우회할 수 없는 의제가 노동이라는 점을 짚은 것이었다고 생각해요." (김도현)

> "실적적으로도 그렇고 조직적 위력도 1989년 양대 법안 투쟁 이후 제일 컸어요. 그리고 1980년대 변혁적 장애인운동을 지나서 1990년대 시대 상황에서 개량화, 순치된 운동으로 후퇴되거나 머문 시기를 고용촉진 걷기대회라는 대중 집회로 돌파했다는 점에서도 중요한 의미가 있죠." (이상호)

전장협이 진행한 1990년대 중반의 장애인고용촉진걷기대회는 장애인운동 당사자 주체들이 대외적으로 장애인의 노동권과 고용의 문제를 사회적 의제로 명확히 제기하고 사회 여러 운동세력과 함께 연대했다는 것에 큰 의미가 있다. 또한 조직 내부도 전국 순회

정태수 열사는 1996년 4월 7일 제주를 출발해 부산, 울산, 광주, 대전, 온양, 청주, 강릉, 성남 등의 지역에서 장애인고용촉진걷기대회 및 결의대회를 진행하고 참가자들과 함께 각 지역 도시를 행진했다. 이 같은 정태수 열사의 노력은 그해 4월 20일 서울 대학로에서 전국의 장애인활동가 2천여 명이 모인 가운데 도심을 행진하며 대미를 장식했다.
각 지역 순회와 서울 결의대회에 함께한 박흥수 열사의 모습도 보인다.

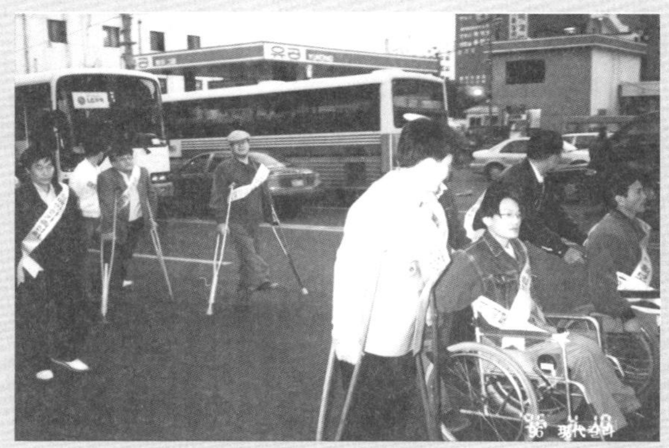

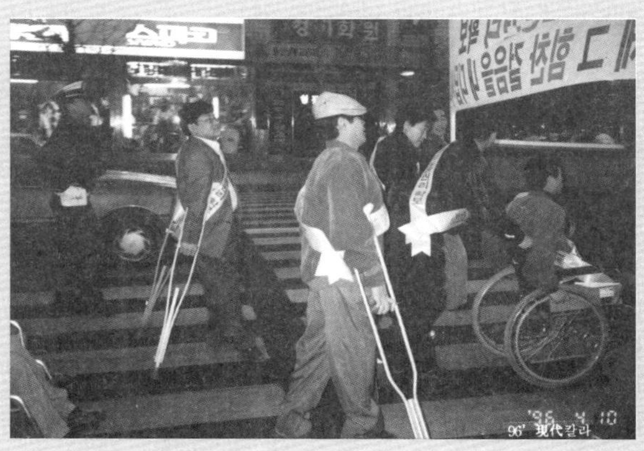

투쟁을 통해 각 지역 지부 조직을 활성화하고 새로운 사업의 기틀을 마련하는 성과를 얻었다. 전국 각지로 조직의 혈관이 뚫리고 신경세포가 만들어지는 조직적 성과는 어쩌면 또 하나의 거름이자 씨앗을 뿌리는 실천이기도 했다.[10] 그리고 그 중심에 조직가로 우뚝 선 정태수가 있었다.

가족을 이루다

이덕인 열사 장례투쟁에서 처절한 패배를 겪었지만 장애인고용촉진걷기대회를 성공적으로 마무리한 1996년 4월을 보내고 한숨 돌리던 정태수에게 뜻하지 않은 일이 생겼다. 김영희가 납치(?)당한 것이다.

"4월 말인가 5월 초인가, 태수 형과 동거하던 집에 가족들이 들이닥쳐 저를 제주도로 끌고 간 거예요. 그때 제가 임신 중이었거든요. 태수 형이 걷기대회 준비로 한창 바쁘던 3월쯤 아무래도 몸이 이상해서 병원에 갈

---

10) 다음해인 1997년 장애인고용촉진걷기대회에는 장애인운동과 노동운동 단체만이 아니라 우리민족서로돕기운동본부 등 통일운동 단체와 참여연대 등 시민단체, 그리고 각 대학 장애인 관련 동아리까지 참여하는 단체가 대폭 확대되었다.

이 가자고 했죠. 그런데 형이 바빠서 한 달이나 지나서 병원에 갔는데 임신했다고 하더라고요. 그 사실을 알고 나서 얼마 안 있다가 가족들이 찾아온 거죠." (김영희)

가족에게 붙잡혀 제주도로 간 김영희는 강제로 유산을 시키려는 가족들의 태도에 더 이상 참을 수 없었다. 정태수에게 자신이 제주도에 끌려왔음을 알리고 탈출할 방법을 찾아달라고 요청했다.

"부모님이 그때 대학생이던 남동생을 시켜서 저를 감시하게 했는데 남동생에게 '너도 이따위로 살지 마.' 이 한마디를 남기고 밤에 부모님 몰래 집에서 도망쳤죠. 태수 형이 전국적으로 활동하던 사람이다 보니 형이 알고 지내던 제주지부 선배에게 미리 연락이 닿아서 그 집에서 하룻밤 신세 지고, 내 학교 동창 집에서도 신세를 지고. 그러다가 태수 형이 나를 데리러 제주도에 왔어요. 시댁, 그때는 예비 시어머니지만 시어머니가 우리 집안 어른들에게 연락해서 서울에서 만나자고 약속을 잡았고, 태수 형이랑 저는 본의 아니게 배 타고 느긋하게 여행하면서 서울로 올라왔죠." (김영희)

"저는 나중에 알았는데 그쪽(김영희) 집안 어르신이 우리 양계장(당시 경기도 곤지암)까지 찾아와서 어머니에게 막 뭐라고 그러셨다고 해요. 그만큼 반대가 심했던 거죠. 어머니는 어머니대로 마음고생이 많으셨겠죠.

그렇지만 어머니는 사돈집에 대해 크게 원망하거나 그러지는 않으셨어요. 저는 당시 상황을 잘 몰랐고 오빠가 애인이 있고 결혼한다는 사실이 그냥 놀라웠어요. 잘 씻지도 않고 외모에 관심도 없어서, 그래서 평생 혼자 살 줄 알았거든요. 하하.” (정미희)

정식으로 식을 치르기 전인 1996년 겨울, 정태수와 김영희에게 딸 세린이가 태어났다. 부모가 된 것이다. 둘이 동거하면서 계획에 없던 일은 아니지만 계획보다 일찍 맞닥뜨리게 된 일이었다.

그런데 김영희의 출산을 두어 달 앞두고 아침에 집을 나서던 정태수가 현관 계단에서 미끄러져 다리가 부러지며 병원에 입원하게 됐다. 만삭의 김영희는 정태수와 함께 병원에 입원해 남편의 병간호를 도맡아 하다가 본인의 출산까지 하게 된다.

12월 매서운 겨울바람 속에 포대기에 덮인 신생아를 품에 꼭 안은 김영희는 깁스를 풀고 퇴원하는 정태수와 같은 날 병원을 나섰다. 그들 앞에는 계속 외면하면서 미뤄두었던 ‘생계’라는 서늘한 숙제가 성큼 다가와 있었다.

생활

전선에서

1996년 가을 다리에 골절상을 입고 몇 달간 꼼짝없이 병원 침대에 누워 있어야 했던 정태수는 본인이 맡아서 해야 할 일이 눈에 밟혀 가만히 있을 수가 없었다. 조직은 유기체와 같아서 조금이라도 소통이 안 되거나 시간이 늦어지면 사람 몸에 동맥경화가 오듯 어딘가가 마비되고 어딘가는 곪기 마련이다. 조직국장은 그런 일이 없도록 막힌 곳을 뚫고 혈관 곳곳과 말초신경까지 제 기능을 다하는지 살피는 역할을 해야 한다.

병원으로 박경석을 부른 정태수는 상황을 설명하고 전장협 조직국 일을 박경석에게 부탁한다. 그리고 이듬해인 1997년 박경석은 전장협 조직국장으로서 상근 활동을 시작한다. 더불어 당시 조직 내의 문제로 공석 상태이던 노들장애인야학의 교장에도 취임한다.

딸 세린이의 출산에 맞춰 김영희와 함께 퇴원한 정태수는 얼마 뒤 전장협에 활동을 잠시 쉬겠다고 밝혔다. 몇 해만 돈을 벌고 다시 돌아오겠다고, 가게를 차려서 경제적으로 안정된 기반을 마련한 뒤 부인에게 맡기고 반드시 돌아오겠다고 약속한다. 활동을 잠정 중단하겠다고 선언한 것이다. 비단 이런 경우가 전장협, 그리고 장애인운동에서 정태수가 처음은 아니었다. 최저생계비 정도의 활동비도 챙겨주지 못하던 영세한 장애인운동 단체인지라 비장애인 활동가뿐만 아니라 장애인 당사자 활동가들 역시 나이가 들어 경제적으로 독립해야 하거나 부양가족이 생기면 다른 선택을 할 수밖에 없었다.

전장협, 한국DPI와 통합

정태수가 전장협 활동을 중단한 1997년은 이른바 IMF 사태, 외환위기로 국제통화기금에 구제금융을 요청하면서 한국 경제가 나락으로 떨어지기 시작한 해이다. 한편으로는 DJP 연합[1]으로 마침

---

1) 문민정부의 탄생이 노태우-김영삼-김종필의 보수 대연합으로 이뤄진 민자당을 기반으로 이뤄졌다면 김대중 국민의 정부는 김대중과 김종필 연합이 성사되면서 가능해졌다. 김대중 당선 이후 자유민주연합을 이끌던 김종필은 초대 총리를 맡았으나 내각제 개헌 무산 등의 이유로 곧 갈라섰다.

내 정권교체를 이룬 김대중 정권이 재야에서 영입한 사회운동 세력을 통해 시민사회에 큰 영향력을 행사하기 시작하던 때이다.

이에 사회운동 세력 중 현장 대중조직 중심의 운동이 아닌 법적·제도적 개혁에 무게를 두었던 시민운동 단체들이 급속도로 영향력을 확대하고 정치권과 협력 관계를 구축해 나갔다. 반면 현장에 뿌리를 둔 조직은 상대적으로 위축될 수밖에 없었다. 1996년 겨울 노동법 날치기 개악에 맞서 총파업 투쟁을 승리[2]로 이끌었던 민주노총 소속 노동조합들도 외환위기에 따른 개별 기업들의 구조조정에 맞서 정리해고라는 눈앞에 놓인 사안에 집중할 수밖에 없었다. 또한 1996년 연세대 사태와 1997년 한총련 출범식 사태[3]로 연이어 타격을 받은 학생 운동권도 급속도로 쇠퇴하기 시작했다. '금 모으기'로 대표되는 고통 분담의 분위기가 한국 사회를 지배하면서 시장경제 논리가 모든 것을 압도했다. 텔레비전 광고에서는 노골적으로 "여러분, 여러분 부자 되세요"를 외치기 시작했다.

1995년 3월 최정환 열사 장례투쟁과 11월 이덕인 열사 장례투쟁

---

2) 1996년 겨울 총선에서 승리한 신한국당의 단독 처리로 안기부법과 노동법이 날치기 통과되었다. 이에 민주노총이 전국적인 총파업으로 맞서 결국 노동법 개정을 무효화시킨다. 당시 유럽 사회를 비롯한 각국에서 신자유주의 세계화에 맞선 승리로 평가했다.

3) 1996년 통일운동의 일환인 범민족대회를 연세대학교에서 개최하자 원천봉쇄 등 김영삼 정권의 대대적인 학생운동 탄압이 시작되었다. 이듬해인 1997년 학생운동 대표체인 한총련 출범식 과정에서 프락치로 의심받던 이를 구타해 사망하게 한 사건이 벌어지면서 학생운동의 영향력과 대중성이 급격히 줄어들게 된다.

으로 도시빈민 투쟁의 중심에 자리했던 전장협은 장자추 활동을 통해 빈민 장애인의 생존권 투쟁, 그리고 민주노총과 함께한 장애인고용촉진걷기대회를 통해 장애인 노동권 투쟁의 닻을 올렸다. 그러나 이 시기 전장협은 안팎으로 조직의 위기를 맞게 된다. 일단 경제위기 여파로 단체의 재정난이 더 심해졌다. 체계적인 후원회원 제도가 마련되지 않은 상태에서 명망가나 재력가 등 소수 후원인의 지원에 기댔던 탓이다. 그리고 장애우권익문제연구소 등 법인 장애인단체들이 급속도로 제도권 정치에 흡수되면서 장애인계 내에 전장협의 영향력은 물론 활동의 폭 또한 좁아졌다.

이러한 상황에서 1998년부터 국제장애인연맹(DPI)의 한국 지부인 한국DPI와 전장협의 통합 논의가 본격화되기 시작했다. 또한 전청 건설 당시 장애인인권사업기획단을 꾸려 많은 사업을 벌이다 갑자기 미국 유학길에 올랐던 최민이 귀국했다. 전장협 집행부는 한국DPI와의 통합 과정에서 최민을 서울DPI 회장에 추대하려는 움직임을 보였다.

"통합 논의를 하고 있을 때 최민이 귀국하면 회장으로 추대한다는 이야기가 나왔어요. 저를 비롯해 몇몇은 반대했어요. 장애인인권사업기획단에서 각종 사업을 잔뜩 벌여 놓고 장애인운동을, 장청을 무책임하게 떠난 사람이잖아요. 사실 전청 주비위가 깨진 것도 기획단 사업에 휩쓸린 장청에 대한 지역 조직들의 문제 제기가 큰 이유였거든요. 최소한 6개월이나 1년 정도는 그가 어떤 역할을 어떻게 하는지 보고 조직의 장으로 결정해야지, 아무런 검증 없이 무턱대고 그런 사람을 회장에 앉히냐고 비판했죠. 그런데 선배들 다수가 운동권 대선배인 최민을 떠받들듯이 그 사람이 이끌어야 한다고 밀어붙였죠." (김종환)

"전장협은 전망이 불투명하다, 그 전망이라는 게 장애해방, 그 길로 가자! 그러면 그게 전망이지. 사실은 물적 토대가 없었기 때문이죠. 장애해방으로 가기 위한 물적 토대가 없었기 때문이지 국제인권이니, 뭐니 그런 건 이념적 논쟁인 거고. 어쨌든 국제기구에 가입해서 국제인권조약에 맞게 그런 제도권 활동을 하자, 그런 주장이 그럴듯해 보였지만 솔직히 들여다보면 전장협은 물적 토대가 없었고 최민은 서울대 출신에, 운동권 이론가에, 쌍용그룹 부회장 아들로 돈도 많으니 그럴듯한 그림을 보여줄 수 있었던 거죠. 또 IMF 이후 김대중 정권에서 공공일자리 사업이 여럿 생겨났는데 최민은 그런 데에도 막 장미빛 가능성을 내놓기도 했죠." (박경석)

최중증장애인이면서 서울대학교를 나와 제헌의회그룹(CA)에서 혁명이론가로 이름을 날렸던 최민은 운동권 내의 정치적 영향력과 더불어 재력 있는 집안을 배경으로 그가 동원할 수 있는 자금력 또한 조직의 기대를 품게 했다. 기획단 활동을 접고 미국 유학에서 돌아온 그는 별 어려움 없이 전장협에 막대한 영향력을 행사하며 한국DPI와 통합 논의를 이끌었다.

> "최민은 전장협 현장 조직을 하나둘씩 잘라냈어요. 또바기라고 대학생 자원활동가 조직이 있었는데, 주로 장애인 시설에 자원활동을 하는 곳이었어요. 거기도 시설이 없어져야 하는 게 원칙이라며 또바기를 전장협과 분리해서 없애버렸죠. 전장협에 있던 노점분과도 없애버렸어요."
> (박경석)

전장협 내의 노점분과, 그리고 장자추는 정태수와 박흥수가 심혈을 기울였던 조직이자 최정환 열사의 장례투쟁을 거쳐 만들어진 분과였다. 노점분과는 전장협이 장애대중과 함께 호흡하는 공간이자 현장 투쟁에서 조직의 손과 발 역할을 하던 곳이었다.

> "노점분과를 없애려던 이유가 노점상은 노동자와 다르게 농민처럼 쁘띠브루주아라는 거예요. 생산수단을 갖고 있어서 혁명의 시기에 반동의 편에 서서 끝까지 저항할 거래요. 장애인 노점상이라도 다를 게 없다는 거죠. 노점 자리가 생산수단이라는 거였어요. 어이가 없어서 한 달에 몇백만 원씩 받는 현대자동차 정규직 노동자하고 한 달에 50~60만 원 버는 장애인 노점상하고 누가 더 기층 민중이냐고 따졌어요. 하지만 요지부동이었죠. 논쟁이 길어지니 옆에 앉은 선배가 제 무릎을 툭툭 치면서 그만하라고 그러더라고요. 전장협에서 현장 투쟁이 벌어지면 기동대 역

할을 했던 분과인데 그렇게 조직에서 제명당하는 것이 무척 분했어요."

(김종환)

통합 과정에서 노점분과가 사라지자 박흥수와 정태수가 심혈을 기울여 조직했던 장자추가 통합 논의에서 아예 배제되고 회원 자격까지 잃게 된다. 노들야학도 선택의 갈림길에 섰다. 정태수의 부탁으로 전장협 조직부장을 맡으면서 1997년 6월 노들야학 교장으로 취임하게 된 박경석은 한국DPI와 통합하는 것을 거부하고 홀로 서기에 나섰다.

"통합하고 서울DPI를 만든 뒤에 최민이 회장이 되었죠. 다수 전장협 활동가도 서울DPI 활동가가 되어버린 거고. 그런데 노점분과 회원들을 잘라버린 것도 그렇고, 태수가 가장 분노했던 것이 걷기대회를 아예 안 해버렸어요. 그게 전국 장애인운동 활동가 농사를 짓는 일인데. 1999년에는 한국DPI가 개최한 4월 20일 장애인의 날에 집회 자체를 계획하지도 않다가 포항제철(현 포스코)이 승합차 두 대를 기증했는데 그 차량이 걷기대회에 등장하는 장면을 방송국이 촬영해야 한다고 해서 계획에도 없던 집회를 갑자기 잡아버린 거예요. 정부종합청사 앞에서 방송국 카메라 촬영용으로 기념행사하듯이 그렇게 해버린 거죠." (박경석)

이후 서울DPI 총회에서 단독 출마한 최민을 회장으로 추대하려고 하자 박경석은 총회에 참석해 무기명 투표를 요구했다. 결국 투표는 진행되었지만, 총회 주최 측은 찬반 투표 결과를 발표하지 않고 일방적으로 최민의 당선을 선언했다. 이에 노들야학은 공식적으로는 서울DPI를 탈퇴하지는 않았지만 실질적으로 등을 돌리게 된다.

결국 전장협은 그렇게 역사 속으로 사라졌다. 이후 한 장애인 관련 언론매체는 1990년대 장애인운동을 이렇게 평가했다.

"당시 장애운동의 이념과 실천력으로 무장한 장청과 친목모임의 장한협이 새롭게 뭉친 전장협의 시너지는 어마어마했다. 1993년부터 1998년까지 이념무장, 실천력 담보, 다양한 프로그램 등을 통해 현장 중심의 투쟁을 전개했던 전장협은 활동가들을 양성하고 실천력을 확대 재생산하는 결과를 낳았다. 시민운동단체와 연계한 투쟁을 이끌었던 유일한 장애 대중조직이기도 하다. 이들의 최대 이슈는 노동권과 교육권 확보. 장애인고용촉진대회를 하며 처음으로 종로 차도를 막고 대규모 시위를 펼쳤다. '장애인도 인간이다. 인간답게 살아보자'라는 생존권리에 대한 부분을 갖고 사회적 이슈를 만들어냈다. 장애인노점분과 조직을 통해 안정적 경제활동을 요구하기도. 교육권 확보를 위해서는 투쟁과 더불어 노들장애인야학과 방과 후 장애아동 공부방을 운영했고, 특수교육과 대학생들과 함께 '어깨동무'라는 월간지를 발행하기도 했다. 또 무료도서대여 사업을 했던 '새날도서관, '일요운동회' 등을 진행했다. 이처럼 전장협은 장애운동을 할 수 있는 '판'을 만들었단 점에서 의미가 크다. 운동의 필요성과 운동 방법을 공유하고 투쟁하며 새로운 활동가들을 끊임없이 발굴한 것. 또 시민단체와의 연대와 공동투쟁을 통해 장애운동의 당위성과 활동성 두 마리 토끼를 잡아냈다."[4]

인쇄소, 그리고 족발집

정태수와 김영희는 딸 세린이까지 태어났으니 생계 문제를 계속 시댁에 기댈 수만은 없는 노릇이었다. 시댁에서는 세린이가 태어나자 경기도 하남시에 전세 아파트를 마련해주었다. 고마운 일이었지만 이 또한 김영희에게는 부담이었다. 친정으로부터 한껏 목소리를 높인 뒤 간섭과 반대를 뿌리치고 나와 정태수와 함께하기로 선택한 터라 더더욱 경제적인 독립이 간절했다. 하지만 둘 다 자본도, 기술도 없었다.

"혼인 전 이야기지만, 한 번은 태수가 편의점을 해보겠다고 그래요. 제가 편의점을 하려면 사람들 이동량을 파악하고 상권을 분석해야 한다고 제안했죠. 천호동 쪽 육교 아래에 차를 세워놓고 둘이서 온종일 지나가는 사람들 연령대와 숫자를 기록하던 기억이 나네요." (김종환)

<hr>

4) "장애청년들 '장애운동'에 구심점이 되다", 에이블뉴스, 2015.4.16.

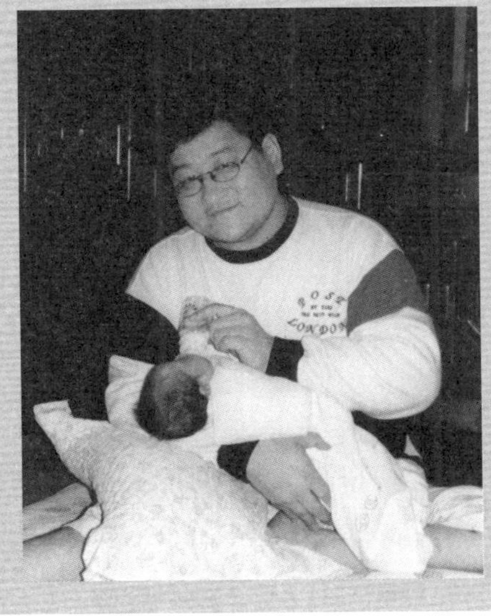

갓난아기 세린이와의 다정한 한때. 1996년 12월, 딸 세린 이가 태어났다. 이후 열사는 가족의 생계 문제를 고민하며 잠시 장애인운동 현장에서 떠 난다.

그나마 김영희는 대학에서 컴퓨터를 배워서 약간 다룰 줄 알았기에 둘은 영세 자본으로 시작할 수 있는 기획사(인쇄소)를 선택한다. 울림터 때부터 친구로 지내던 장애인 부부가 잠실역 근처에서

명함, 전단지 등을 찍는 기획사를 운영하고 있었기에 그 친구로부터 노하우를 전수받을 수 있다는 점이 크게 작용했다. 정태수와 김영희는 구멍가게 수준의 기획사를 서울 광진구 구의동에 차린다.

"인쇄소를 한 5년 가까이 했어요. 명함부터 전단지, 그런 것들을 디자인하고 인쇄하는 작은 인쇄소요. 일손이 달리자 사촌 동생까지 불러서 같이 했죠. 나중에는 아예 사촌 동생에게 인쇄소를 맡기기도 했어요. 저는 세린이를 키워야 했으니까. 인쇄소 일이라는 게 일주일에 절반은 밤을 새워야 하는 일이에요. 고객들의 스케줄을 맞춰줘야 하니까, 그걸 맞추려면 밤새도록 편집하고 디자인해서 새벽 6시에 문을 여는 을지로에 필름을 걸어야 하니까요. 필름 걸어놓고 나오면 또 할 일이 기다리고 있었죠." (김영희)

"구의동 인쇄소에 거의 매일 갔어요. 그때는 저도 전장협을 그만두고 자판기 판매, 관리 일을 하고 있었거든요. 인쇄소에 갔다가 정태수 집에 가서 자주 잠을 자기도 했죠. 그때도 태수는 언젠가는 복귀해야 한다는 이야기를 주로 했어요. 많이 그리워했죠. 그래도 그때 노들야학은 돌아갔으니까 야학 가서 밥 사주고, 술 사주고. 후배들도 계속 만났죠." (이상호)

그때 현장을 떠난 정태수와 자주 어울렸던 멤버로는 이상호와 함께 배복주도 있었다. 배복주는 경북 대구에서 대학에 다니면서

‘푸른샘’이라는 장애인 동아리 소속으로 전지대련에서 활동했다. 당시는 졸업 후 장애우권익문제연구소에서 활동하다가 그만두고 새로운 활동을 모색하던 시기였다.

> “정태수 열사를 처음 본 것은 1992년쯤이었어요. 그때 강남대 뇌성마비 장애인 학생이 전동휠체어로 학교 운동장 비탈길을 내려오다 스탠드 쪽으로 떨어져서 숨진 사건[5]이 있었어요. 그런데 학교에서 학생의 휠체어 운전 미숙이라고 몰아갔어요. 그래서 다들 분노했고 전지대련에서도 투쟁했거든요. 그 사건 장례투쟁인가로 서울역에 갔는데 그날 투쟁은 대구에서만 활동하던 저에게는 좀 충격이었어요. 그래서 기억에 많이 남는데, 그때 영정 사진을 들고 있었던 사람이, 나중에 형 아니었냐고 하니까 맞다고 그러더라고요. 그때만 해도 저에게 정태수는 그런 투쟁에서 영정을 들고 발언하는, 하늘 같은 선배였어요. 하하.” (배복주)

배복주에게는 어쩌다 한 번 참가한 서울 집회 때 선두에 서서 구호를 외치던 정태수가 거칠고 과격해 보였다. 더불어 그 당시 운동권 정서로는 범접할 수 없는 대선배였다. 하지만 이후 몇 번 식사나 술자리에서 지켜본 그는 부드럽고 자상한 사람이었다. 요샛말로

---

5) 1992년 3월 21일 강남대 신학과 학생 백원욱이 사망한 사건이다. 이 사건은 8년 전 김순석 열사 사건 이후 여론의 관심을 끌었으며, 이를 계기로 전지대련의 활발한 활동과 연대가 이뤄지게 되었다.

아재 개그 같은 농담도 심심치 않게 던졌다. 본격적으로 정태수와 친하게 된 계기는 배복주가 장애우권익문제연구소를 그만두고 장애 여성 다섯 명과 자립생활을 시작하면서부터이다.

> "장애인운동을 하면서 장애 여성에 대한 문제의식이 생겼어요. 우리 활동이 자꾸 장애 여성을 전시하는 느낌이랄까. 문제의식을 같이 했던 다섯 명의 장애 여성들과 '빗장을 여는 사람들'이란 모임을 만들고 같이 살 곳을 알아보다가 고덕동 반지하 방을 구했어요. 저 혼자 직립보행이 가능하고 다른 이들은 다 휠체어를 타는데 그 반지하 방이 바로 들어갈 수 있고 계단을 올라가야 1층인 구조여서 우리한테 딱 맞았죠." (배복주)

배복주는 그 과정에서 고덕동 근처에 살던 정태수 부부와 자주 어울리게 된다. 정태수가 배복주에게 먼저 연락해서 서로 이웃사촌임을 알려주었다고 한다. 그때 고덕동 식구들은 정태수를 '계란 한 판'으로 기억한다. 정태수는 틈날 때마다 부모님이 운영하던 양계장에서 가져온 달걀을 몇 판씩 주변 동료들에게 나누어주었다. 함께 살던 중증장애인이 노들야학에 다니게 되면서 활동지원 역할을 했던 배복주는 자연스럽게 박경석, 이상호 등과도 가까워졌다.

> "근처에 오면 전화해서 계란 가져가라고 해도 될 건데 꼭 집 앞에서 큰소리로 '복주야, 복주야 계란 가져가라' 외치는 거예요. 그래서 같이 살던

박김영희 대표(현 장애해방열사_단 대표)나 다른 식구들은 태수 형 얼굴은 모르지만 이름과 목소리는 알고 있죠. 당시에 거의 매일 만났던 것 같아요. 상호 형이랑 태수 형이랑 저랑요. 태수 형 집에 가서는 세린이 잠들면 김영희도 나와서 같이 술 마시고. 그때 막 장애여성공감이 만들어지고 소식지 1호를 김영희가 하던 인쇄소에서 발간했어요. 김영희가 저희 소식지 창간호 디자인을 맡은 거죠." (배복주)

배복주에게 정태수는 사적인 연애 상담부터 장애여성공감 설립 등에까지 조언을 아끼지 않던 선배였다. 당시 운동권의 장애 남성의 권위 의식이나 성차별 등에 대한 배복주의 문제의식에 대해 정태수는 늘 '네 말이 맞다'며 지지와 응원을 아끼지 않았다고 한다.

"태수 형은 내 말이 다 옳다고 이야기한 단 한 명의 선배였어요. 사무실도 없이 장애여성공감이라는 단체를 만든다고 했을 때 태수 형이 '네가 하니까 잘 될 거야'라고 응원해줬어요. 사실 엄청나게 부러워하기도 했어요. 자신은 활동을 중단하고 밥벌이하고 있는데 제가 막 단체도 설립하고 소식지도 내고 하니 그런 걸 지켜보면서 조금 좀이 쑤시고 그랬겠죠." (배복주)

장애여성공감이 사무실을 구하며 조직의 형태를 갖추던 2000년은 운동권 내 성폭력 문제를 공개적으로 들고나와 파문이 일었던 '100인위 사건'[6]으로 운동 사회 내부가 들썩이던 시기였다. 대외적으로는 남녀 차별에 반대하고 성평등을 추구한다고 했으나 운동권 단체 내 성적 위계에 관대하고 성폭력을 한 개인의 일탈로 치부하며 피해자의 권리보다 조직을 보호하고 집단의 이익을 앞세웠던 운동 사회에 대한 내부 비판이 본질이었다. 이에 드러내놓고 표현하지는 않았지만, 페미니즘이나 여성주의에 대해 상당수의 남성 활동가는 적지 않은 반감을 품고 있었다.

"언젠가 제가 형한테 장애해방이 되면 여성해방이 저절로 된다고 생각하는 거야? 장애해방이 되어도 여성은 여전히 해방되지 않을 거야. 그래서 여성운동이 필요하고 장애여성공감이 필요한 거야. 그런 이야기를 했어요. 형은 바로 반박하거나 그렇다고 제 말에 동의하지도 않았고 며칠 지나서 '생각해보니 네 말이 맞는 거 같네' 그런 식이었죠. 하하." (배복주)

한국 사회는 PC통신이 초고속 인터넷망으로 대체되는 만큼의 속도로 급격히 변하고 있었다. 여성주의 운동만이 아니라 성소수자 운동, 이주민과 난민 운동, 노숙인 운동, 양심적 병역거부 운동

---

6) 운동 사회 내 성폭력을 뿌리 뽑기 위해 100인 위원회를 구성하고 단체 대표와 간부 등 16명의 성폭력 가해자 실명을 공개한 사건이다.

등등 자고 일어나면 나날이 새로운 운동이 등장했다. 그에 맞춰 정보인권, 프라이버시 권리, 문화적 권리, 성적 자기결정권 등의 담론도 쏟아져 나오던 시기였다. 한편 어느 때보다도 자본주의에 적대적이면서 그 대안을 고민하고, 그만큼 장애인운동에 친화적이었던 진보정당, 청년진보당,[7] 민주노동당 등이 태동한 시기이기도 하다.

> "저는 당시 활동하면서 동시에 매킨토시 컴퓨터에서 돌아가는 디자인 프로그램을 파는 영업일도 했어요. 그래서 태수 부부가 운영하던 인쇄소에도 가게 되었죠. 당시 인쇄소는 거의 다 매킨토시 프로그램을 써야 했거든요. 그때 제가 진보정당, 민주노동당 활동도 했으니까 태수와 그쪽 관련해서 이야기를 많이 나눴죠. 또 전장협이 자기 대중을 만들지 못하고 몇몇 명망가 중심으로, 그들의 지원으로 운영되었기에 지속 가능하지 못한 구조였다, 그래서 DPI에 통합될 수밖에 없다며 많이 안타까워하기도 했어요." (김병태)

정태수는 운동이 지속 가능한 구조를 만들고자 했다. 그것은 정태수 본인이 그러했듯 최소한의 생계를 위협받지 않고 활동할 수 있는 조건을 만드는 것이었다. 그리고 그러한 조건에서 모인 사람들이 성장할 수 있는 시스템, 이것이 어떻게 가능할 것인지가 당시

----

7) 청년진보당은 이후 사회당으로 당 명칭을 바꾸었다.

정태수의 화두이기도 했다.

한편 전장협과 한국DPI의 통합 과정, 에바다복지원 시설비리 투쟁의 결합 문제, 노들야학의 분리 독립 등을 지켜볼 수밖에 없었던 정태수의 심정은 어떠했을까? 장애인고용촉진걷기대회는 제대로 열리지 않고 장자추와 전장협 노점분과는 사라지고, 새날도서관과 또바기가 주저앉는 상황을 그는 또 어떻게 받아들였을까?

"활동을 쉬면서 태수는 장애인운동에서 멀어졌다는 아쉬움이 컸어요. 전국을 돌아다니면서 자기가 맡아 처리했던 사업들이 있는데, 그게 잘 관리되지 않아서 망가지고 무너지는 것을 보면서 안타까웠을 거예요. 어느 날 태수가 인쇄 맡기러 을지로를 지나는 데 데모하는 걸 본 거예요. 도로를 점거하고 행진하는 것을 보니 반갑기도 하고 한편으로는 한때는 저런 집회를 자기가 기획했었는데 지금은 구경하는 시민이 되었으니, 그날 착잡한 마음에 소주 한잔했다는 이야기를 들으면서 같이 한숨을 쉬었죠." (이상호)

인쇄소가 큰 수익을 내지는 못했지만, 어느 정도 자리를 잡자 정태수는 족발집을 열었다. 장사에 재미를 붙였다거나 돈 버는 맛을 봐서가 아니었다. 그로서는 어떻게 해서든 다시 빨리 활동을 시작하기 위한 밑천이 필요했다.

"어느 날 족발집을 해서 10억 원을 모아 장애인 정치연수원을 만들겠다고 하는 거예요. 내가 사업계획서 50페이지는 써와야 인정해주겠다고 반대했죠. 어쨌든 족발집을 열었어요. 한 1년 정도 족발집을 한 거 같아요." (김영희)

당시 정태수가 고민하던 장애인 정치연수원은 실현 가능한 것이었을까? 당시에는 사회운동에서 가장 큰 규모와 세력이었던 민주노총 내에서 체계적인 노동운동가 양성, 노동이론과 정책연구를 위해 연수원의 필요성이 여러 차례 제기되던 시점이었다. 진보정당인 민주노동당에서는 신입 당원 교육과 정당 정책 생산을 위해 좀 더 구체적인 연수원 준비가 막 시작되던 무렵이었다.[8]

어쩌면 정태수가 그러한 논의에서 영감을 받았을지 모르겠지만, 부문 운동 중에도 열악하기 그지없던 장애인운동에서는 꿈같은 이야기였을 수도 있다. 그럼에도 정태수가 복귀해 전력을 다했던 장애인청년학교의 연장선에서, 정태수는 장애민중의 역량 강화와 조직화의 구체적인 목적지로 정치연수원이라는 설계도를 머릿속에 그리고 있었다.

---

8) 민주노동당 중앙연수원은 10여 명의 당원이 전북 남원의 한 폐교를 인수한 뒤 기증해 2001년 5월 개소했다.

하지만 현실에서는 김영희의 예상대로 족발집 장사가 영 시원치 않았다. 당시는 1997년 외환위기 여파로 회사에서 정리해고나 명예퇴직을 당한 이들이 너도나도 퇴직금 등으로 치킨집, 족발집 등 그나마 만만한(?) 음식점을 차리던 시기였다. 그러다 보니 요식업은 경쟁이 아주 치열할 수밖에 없었고 특히 고만고만한 음식점들끼리의 홍보 경쟁은 그야말로 죽이지 않으면 죽어야 하는 전쟁터 수준이었다. 정태수의 족발집도 거의 매출의 절반을 홍보비로 쏟아부었다. 전단 디자인은 인쇄소를 운영하니 부담이 덜했지만 종이값은 고스란히 재정적 부담으로 남았다.

"그때 태수네 팔아준다고 노들야학 뒤풀이는 무조건 족발, 그때 노들에서는 메뉴에 선택권 자체가 없었죠. 그렇게 노들야학이 많이 팔아줬는데도 결국 망했죠. 아는 사람 상대로 장사해서 얼마나 벌겠어요. 그렇게 장사하면 망하죠." (박경석)

"결국 빚만 남기고 족발집 문을 닫았어요. 그때 정부에서 전자정부를 만든다고 데이터베이스 구축하는 아르바이트가 있어서 제가 그걸 해서 빚을 청산했죠. 저한테는 이중고 삼중고에 시달리던 시기였어요. 인쇄소 일 하다가 알바도 뛰고, 시간 나면 족발집 가서 고기도 썰어야 했죠." (김영희)

에바다 투쟁과 노들야학의 독립

정태수가 활동을 중단했던 1997년부터 2001년까지 장애인운동에서 중요한 사건들이 있었다. 먼저 한국 사회 장애인 시설 비리 투쟁에서 이정표가 되었던 '에바다 투쟁'이다.

경기도 평택시 소재 에바다복지회가 운영하는 에바다학교에서 비리 문제가 처음으로 제기된 것은 1996년 11월 말 에바다학교 청각장애 학생들이 농성에 들어가면서였다. 에바다복지회는 여느 장애인복지시설과 마찬가지로 최성창 목사와 그의 누나인 최실자 중심의 족벌 체제로 운영되고 있었다. 당시 청각장애 학생들은 '더 이상 허기진 배를 채우기 위해 쓰레기통을 뒤질 수는 없다', '부정부패 추방하라'라고 외치고 재단 측의 비리와 미군에 의한 성추행, 원생들의 의문사, 각종 인권유린 등을 고발하며 농성에 돌입했다. 곧 평택 지역 사회운동단체를 중심으로 '에바다비리재단퇴진과 정상화를 위한 공동대책위원회'(이후 '에바다정상화를위한연대회의'로 개편)가 꾸려졌고 이듬해 서울에서 비리 재단 퇴진을 위한 집회를 열면서 전국적 사안으로 떠올랐다.

1997년 여름에는 농성에 참여했다는 이유로 해임된 교사들과 농아 학생들이 '해아래집'에 집결하고, 전국 장애 관련 동아리와 사회복지학과 대학생 등이 모여 '전국학생비상대책위원회'도 결성했다. 이 사건은 이후 에바다정상화를위한연대회의가 추천한 이사가 이사진 다수를 구성하고 2003년 최씨 일가 비리 재단 세력을 완전히 몰아내기까지 7년여간 이어졌다.

당시 에바다 사건은 장애인 비리 시설 척결 투쟁으로는 이례적으로 김대중 대통령이 '국민과의 대화'에서 정상화를 위한 노력을 약속하고 지상파 방송 3사가 비리 실태를 보도하는 등 전국민적인 관심을 받았다. 이는 에바다 농아 학생들과 교사들의 노력은 물론 지역을 비롯한 사회운동 전체가 연대체를 구성해 지속적으로 투쟁했기 때문이다. 그럼에도 정작 장애인운동계에서는 전장협과 통합한 한국DPI가 현장투쟁에 거리를 두고 장애인계 주류 권력 투쟁에 골몰하면서 노들장애인야학을 제외하고는 실질적으로 에바다 투쟁에 결합하지 않았다.

"에바다 투쟁 1,000일 집회를 대학로에서 했는데 전장협이 해소된 뒤여서 투쟁을 조직할 데가 없었어요. 결국 노들야학이 인권단체, 노동조합 등을 조직해서 거리 행진을 나섰죠. 그때 1차선 하나 점거하기도 쉽지 않았는데 종로에서 차선을 점거하고 행진하면서 다들 뿌듯해했죠." (박경석)

노들장애인야학이 한국DPI와 결별하게 된 계기는 형식적으로는 서울DPI 총회에서 최민 회장 추대 문제였지만, 또 다른 이유는

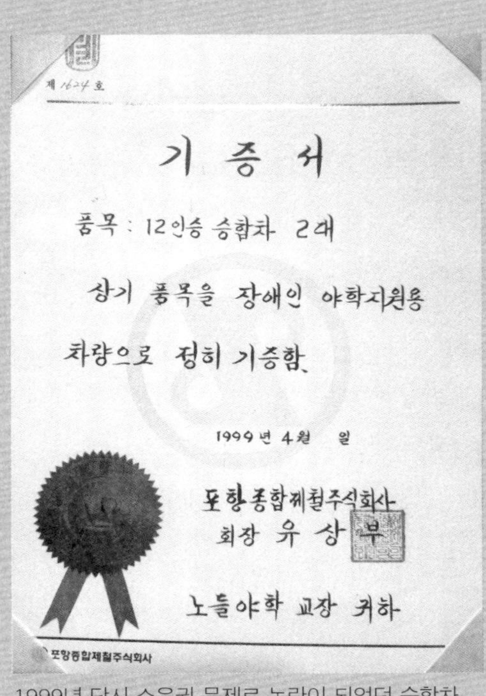

1999년 당시 소유권 문제로 논란이 되었던 승합차 기증서.

승합차 소유권 문제였다. 노들야학에는 당시 포항제철에서 기증받은 승합차 2대가 있었다. 중증장애인 학생들의 등하교와 집회 참여 등에 이용하는 승합차 2대는 천군만마를 얻은 것과 같았다. 당시 지하철에 승강기는 전무했고 대중교통 또한 열악했다. 노원구에서 강서구까지 승합차로 중증장애인 학생들의 등교와 하교를 마치면 새벽 3시가 넘기도 했다. 그만큼 승합차는 노들야학의 운영에 큰 비중을 차지하고 있었다. 하지만 DPI는 자신들의 인맥을 통해 기증

받은 것이니 두 대 모두 자신의 소유라고 주장하고 나섰다. 박경석은 소유권은 DPI에 있지만, 당시 기름값부터 모든 것을 노들야학이 부담하고 있었고 학생들 등하교는 시켰어야 했기에 운영권을 달라고 했다. DPI에서는 절충안(?)으로 그럼 한 대만 쓰라는 답이 돌아왔다.

"이 봉고(승합차) 사건 때문에 꼭지가 돌아버렸어요. 장청이 노들야학을 만들었고 이후 통합한 전장협이 돈이 없었기에 전부 야학에서 일일호프하고 교사들이 후원금 모아서 운영해왔는데, 이제 봉고차까지 자기네들이 가져가겠다니. 그래서 봉고 한 대만 주고 한 대는 그들이 갖겠다고 하니 아예 나와버린 거죠. 그리고 그게 노들야학이 사단법인으로 가게 된 계기가 되기도 했죠." (박경석)

"그때 술 마시면 이상호와 박경석이 의견 대립, 마찰이 심했어요. 나야 그 상황을 잘 모르니 어떻게 끼어들 수도 없었지만 주로 태수 형이 중재 역할을 많이 했죠. '상호야, 네 말이 일리가 있지만……' '경석이 형, 형 말도 맞지만……' 그러다 상호 형이랑 경석이 형이랑 둘 다 정태수를 공격하기도 하고. 하하." (배복주)

노들야학이 DPI에서 독립하면서 당시 학교로 쓰던 정립회관과의 관계도 애매해졌다. 세 명의 술자리에서 자연스럽게 노들야학을 어디로 옮길 것인가, 어떤 전망을 세워야 할 것인가도 술안주로 자주 올라왔다.

“경석이 형은 혜화동 마로니에공원 쪽으로 가야 한다. 서울 중심에 노들야학이 있어야 장애인들이 오기도 쉽고 투쟁에 나가기도 쉬우니까. 그래서 결국은 무작정 마로니에공원에 천막을 치고 마침내 노들야학이 혜화동으로 오게 됐죠. 그런데 태수 형은 입장이 좀 달랐어요. 좀 더 외곽으로 나가서 작업장이나 사업장, 이런 것도 두는 그림을 그렸던 것 같아요.” (배복주)

“정태수는 뛰어났던 게 직감이랄까, 그때 처음으로 한국에 IL운동(장애인자립생활운동)이 소개되고 그럴 때였어요. 태수가 이제 대세는 IL이라고 그랬죠. 어쩌면 1990년대 초반부터 장애인 노동권 문제의 중요성을 알고 있었기에 그랬던 것 아닐까 싶지만 하여튼 그런 맥을 짚거나 중요한 과제를 알아보는 눈이 있었어요.” (이상호)

“어느 날 한 일주일 만에 만났어요. 어딜 다녀왔냐니까 동료상담을 받고 왔다면서 수료증을 보여줬어요. 그게 뭐냐니까 장애인들끼리 상담하는 거라며 한참 설명하더라고요. 그런 걸 뭐 하러 시간 내서 받냐고 저는 좀 무시했는데 태수는 이미 십 년 이상을 내다보고 있었던 거죠. 중증장애인이 운동의 중심이 되리라는 것도요. 조금 지나서 우리나라 최초로 만들어진 피노키오장애인자립생활센터 사무국장으로 활동하더라고요."
(김종환)

장애인자립생활운동은 장애인이 골방이나 시설에 갇혀 지내는 것이 아니라 지역사회로 나와서 자기결정권을 갖고 활동지원제도 등 각종 서비스를 이용하며 지역 주민들과 더불어 평등한 삶을 살아가고자 하는 운동이다. 1990년대 후반 미국과 일본 등을 통해 한국에 소개되었고 정립회관이 일본 자립생활센터(JIL)의 운동 파트너가 되면서 한국 사회에 전파되기 시작했다. 그리고 2000년대 장애인 이동권 투쟁과 함께 장애인 탈시설 자립생활운동은 장애인운동의 두 가지 큰 흐름을 형성하게 된다.

장애인 이동권 투쟁은 2011년 1월 22일 지하철 4호선 오이도역에서 장애인 노부부가 수직형 리프트에서 추락해 사망한 사건을 계기로 시작되었다. 당시 사고가 일어나기 몇 년 전 노들장애인야학 학생이던 이규식이 혜화역에서 똑같이 추락해 다쳤던 사건이 있었다. 이에 오이도역추락참사대책위원회가 꾸려졌으며 2월 6일 서울역 선로를 점거하면서 이동권 투쟁은 사회적 반향을 불러일으켰다.

"가족 생계를 위해 2000년도 하반기부터 7개월 정도 택시 기사를 했어요. 새벽 4시 반에 맞교대하고 5시 라디오 뉴스를 듣는데 오이도역에서 수직형 리프트가 추락해서 장애인 노부부 중 한 명이 사망하고 한 명은 중상을 입었다는 거예요. 당시 DPI는 현장 투쟁에 거의 손을 놓은 상태라 경석 형에게 전화했죠. 사태 파악 좀 하고 대응을 해보자고요. 그날 오전 경석이 형이 홍은전 교사와 함께 오이도역으로 갔어요. 그렇게 이동권 투쟁이 시작되었어요." (김종환)

장애인 이동권 투쟁과 자립생활 운동은 중증장애인 당사자들이 한국 사회에서 본격적인 운동의 주체가 되어 투쟁을 시작했다는 점에서 아주 중요한 의미를 지닌다. 절묘하게도 2000년대 초반부터 전동휠체어의 보급과 판매가 활성화하면서 혼자 움직이기 어려운 중증장애인들이 자신의 의지대로 밖으로 나올 수 있게 되었다. 이 같은 상황은 장애인운동, 그리고 정태수에게 새로운 조직화 대상, 새로운 예비 활동가들이 대거 등장했음을 의미한다. 게다가 일상적으로 그들을 교육하고 조직하고 단련시킬 노들장애인야학이 척박한 땅에 튼튼하게 뿌리를 내리고 있었으니 정태수의 심장은 그 어느 때보다도 벅차게 뛰었을 것이다.

6

열사,

정태수

전장협이 집중했던 현장 투쟁과 거리를 두었던 한국DPI는 당시 장애우권익문제연구소가 주도하던 한국장애인단체총연맹(한국장총)에 들어가지 않고 한국장애인단체총연합회(장총련)와 손을 잡는 등 장애인계 주도권 경쟁[1]에 나섰다. 하지만 이와 같은 움직임도 오래 가진 못했다. 최민 등의 지도부가 물러난 뒤 서울DPI는 큰 혼란에 빠졌다.

1) 천안인애학교 투쟁 이후 1995년 결성된 한국장애인복지공동대책협의회에 맞서 1996년 한국농아인협회, 한국맹인복지연합회, 한국정신지체인애호협회, 한국지체장애인협회 등 네 개의 장애 유형별 단체들은 당사자 조직을 천명하며 장총련을 결성한다. 이후 1998년 장애우권익문제연구소가 중심이 되어 한국농아인협회, 한국맹인복지연합회, 한국정신지체인애호협회 등과 함께 한국장총이 발족하면서 장총련과 한국장총은 장애인고용촉진및직업재활법 개정 등 사안별로 계속 장애인계의 주도권 다툼을 벌였다. 자세한 내용은 <차별에 저항하라> 93~94쪽 참조.

이상호와 김종환 등은 당시 벌어졌던 상황이야 어떠했든 전장협의 대다수 선후배 활동가들이 활동하고 있고 진보 장애인운동의 깃발을 계승했다고 생각한 서울DPI의 몰락을 그냥 두고 볼 수는 없었다. 당시 장애인이동권연대가 막 만들어지고 조직을 튼튼히 건설해가는 시점이었지만, 당시 장애인이동권연대는 단일 조직이 아닌 장애인 단체들의 연대체였다. 전열을 재정비하기 위해서는 우선 서울DPI 재건이 중요했고, 이를 통해 장애인운동의 새로운 활력을 찾아야 했다. 이상호 등은 정태수에게 서울DPI에서 함께 활동하자고 제안한다.

"그 당시 서울DPI 최민 회장이 물러나고 활동가들도 많이 그만뒀어요. 당시에는 전장협이라는 진보 장애인운동 계보를 잇는 조직이 DPI라고 봤기 때문에 태수를 만나 우리가 들어가서 바꿔보자고 했죠. 전장협 집행부를 지낸 선배를 찾아가 회장을 맡아달라고 삼고초려가 아니라 칠고초려를 하기도 했죠. 결국 대표를 세우고 저랑 태수랑 상호가 상근을 시작했죠." (김종환)

김종환과 이상호의 제안을 받은 정태수는 그날 밤 무슨 생각을 하며 잠이 들었을까? 잠시 활동을 쉬며 생업에 뛰어들었던 상황에서 과거의 여러 가지 아쉬움과 회한을 딛고 제대로 된 활동, 제대로 된 조직을 꾸려 활동할 판이 새롭게 짜였다는 것에 정태수는 크게 설레였을 것이다.

현장으로의 복귀

"세린이가 다섯 살인가 됐을 때 태수 형이 현장으로 돌아가 활동하고 싶다고 해요. 족발집은 잘 안되었고 인쇄소는 그럭저럭 생활비는 나왔지만 돈을 모으는 건 불가능했어요. 그런데 아무래도 자기는 현장으로 가야겠대요. 당시에는 그 바람이 너무 간절해 보여서 도저히 안 된다고 할 수가 없었어요. 알겠다고 했죠." (김영희)

"현장에 복귀하면서 태수는 몇 가지 전망이 있었어요. 하나는 사회복지법인을 만들어서 대중사업과 중증장애인 중심의 자조조직을 결성하는 것, 그리고 장애인 정치연수원을 만드는 것이었죠. 그때도 장애인운동을 그만두는 후배들이 많았고 그런 상황을 지켜보며 태수는 마음 아파했죠. 장애인운동에서 사람들이 떨어져 나가는 게 아니라 어떻게든 운동판에 사람이 모이도록 하는 방법을 찾았던 거죠." (이상호)

족발집으로 10억 원을 벌기는커녕 빚만 잔뜩 남긴 채 접었지만 정태수는 장애인 정치연수원 건립의 꿈을 놓지 않았다. 많은 활동가들이 자신처럼 생계 문제로 활동을 그만두는 현실이 안타깝기도 했다. 무엇보다 젊음을 바쳤던 전장협의 투쟁의 성과가 한순간에 허물어지는 것을 목격하며 활동가 양성과 조직화의 필요성이 더 절박한 문제로 와 닿았을 것이다.

정태수는 2001년 봄 서울DPI 사무처장으로 복귀한다. 그와 동시에 서울 동대문 지역에 만들어진 피노키오장애인자립생활센터 사무국장을 맡게 된다.

"어느 날 장애인운동을 중증장애인 중심으로 풀어야겠다고 하더라고요. 아, 그런가 보다 했죠. 경증장애인은 각자 먹고살 길 찾아서 뿔뿔이 흩어지고, 그런 모습을 봐서 그랬나. 또 이동권 투쟁이 막 시작되었을 시기였으니까. 그런 것도 영향을 주었겠죠." (김영희)

피노키오장애인자립생활센터는 2000년 9월 만들어진 한국 최초의 장애인자립생활센터이다. 정태수는 당시 정립회관 직원이던 김동호의 소개로 피노키오센터 정만훈 소장을 만났다.

"제가 시설에서 나와 노숙인 장애인 쉼터에 있으면서 직업훈련을 했어요. 그때 쉼터 소식지를 제가 편집도 하고 글을 쓰기도 했는데 제 글을 보고 장애우권익문제연구소에서 찾아왔어요. 그래서 인터뷰하고 그런 뒤에 연락이 와서 자립생활연구회에 함께하게 되었죠. 거기서 1년 동안 같이 공부하다가 그게 계기가 되어서 일본에 가게 되었어요. 정립회관에서 일본에 보낼 장애인을 찾는다기에 제가 쫓아다니면서 저를 보내달라고 했죠. 그렇게 일본에 갔다 와서 한국에서도 자립생활센터를 해봐야겠다고 마음먹고, 동대문장애인종합복지관 내에 센터를 만들게 되었죠. 나중에 복지관에서 독립해서 나왔어요. 저는 워낙 사회 경험도 없고, 사람과의 관계도 잘 못해서 혼자 고민만 하고 그랬는데, 당시 정태수 열사를 만나게 된 건 저에게 행운이었죠." (정만훈)

조직의 정관을 만들고, 금융 거래 통장을 개설하고, 단체와 함께 할 사람을 모으는 일. 단체를 처음 만들어 나가는 일은 나름의 경험과 전문적 지식만이 아니라 살림과 돌봄처럼 몸과 마음, 온갖 정성과 노력을 기울여야 하는 일이다. 정태수는 그 과정에서 활동비 한 푼 받지 않고 다양한 일들을 살뜰히 챙겼다. 당시 정만훈 소장과 함께 활동했던 이원교 성북장애인자립생활센터 소장은 정태수를 이렇게 기억한다.

"나보고 정관을 만들어보래요. 그게 계기가 되어서 초창기 센터들 정관은 거의 제가 만들었어요. 정태수 열사와 같이 회의할 때 인상 깊었던 것은 상대방의 말을 끝까지 들어주고 정확하게 요약을 잘하는 것이었어요. 대다수 장애인 활동가들이 뇌성마비 장애인들의 말을 잘 알아듣지 못하거나 말을 자르고 자기 말만 하는 경우가 많은데, 정태수 열사는 전혀 그런 것이 없었어요. 어눌하게 말해도 본인이 해석하고 어떤 뜻인지

파악해서 다시 전달하는 그 모습이 굉장히 인상적이었어요." (이원교)

"정태수 열사는 나무가 아니라 숲을 볼 줄 알았던 사람이었죠. 이제 막 조직 형태를 갖추던 시기였는데 정말 많은 역할을 해주셨어요. 당시 저는 사회적으로 어린아이 같은 사람이었는데 뭘 알고, 뭘 할 수 있었겠어요. 그때 조직을 어떻게 만들어야 하는지, 책도 소개해주고, 친절하게 장애인운동의 역사와 의미도 다 설명해줬죠. 장애인자립생활센터가 어떤 방향으로 가야 할지 정말 많이 이야기하고 배웠던 거 같아요. 그때 열사는 서울DPI 활동도 같이 했는데, 일을 너무 많이 하시더라고요. 저로서는 제대로 대우도 못 해 드리고 오래 함께하지 못한 것이 가장 아쉽고 미안하죠." (정만훈)

흐트러진 서울DPI 조직을 추스르고, 새로운 활기를 불어넣을 수 있는 사업을 기획하면서 한편으로는 우리나라에서 처음 만들어진 장애인자립생활센터의 기반을 다지기 위해 동분서주하던 2001년 여름, 태수에게, 그리고 진보 장애인운동계에 비보가 날아든다.

박흥수의 죽음

2001년 7월 23일. 이 날짜가 박흥수의 기일인지는 정확하지 않다. 세상을 등진 그가 발견된 날이기 때문이다. 이덕인 열사 장례투쟁 이후로 간간이 집회 현장에 얼굴을 비치기는 했고, 한때 장애인 고용촉진걷기대회에서 정태수를 옆에 태우고 삼륜 오토바이를 호기롭게 몰던 그였지만 이후에는 사실상 오랜 칩거에 들어갔다.

"96년쯤인가 흥수 형이 마침 영구임대아파트에 당첨되었어요. 거기를 장자추 사무실로 쓰면 되겠다고 엄청 좋아하는 거예요. 그런데 며칠 지나서 죽을상을 하고 오더라고요. 돈이 없어서 못 들어가게 되었다고. 그때 제가 마침 아파트를 구하려고 모아둔 보증금이 있어서 그 돈을 흥수 형에게 빌려주었어요. 나중에 알고 보니 형은 그때 처음으로 따뜻한 물이 나오는 집에 살아본 거예요. 한참 지나서 그게 참 좋다고 저에게 그러더라고요." (배복주)

이후 박흥수는 그 임대아파트에서 한동안 이상호와 함께 살기도 했다. 당시 거처가 없어 막막했던 이상호에게 박흥수는 술자리에서 '그냥 들어와 살아'라고 한 마디 툭 던졌고 그렇게 동거가 시작되었다.

"제가 하던 투쟁 사업들이 잘 안되어서 완전 빈털터리가 되었는데, 잘 데가 없어서 사무실 소파에서 자던 나를 보니 짠했나 봐요. 어느 날 술자리에서 저보고 자기 집에 들어오라고 그러더라고요. 같이 살면서 아침에 집을 나설 때 보면 흥수 형이 자고 있는데 아침 겸 점심을 드시려고 해장국에 소주를 가져다 놓았더라고요. 아마 그때부터 사회 활동이 불가능해졌다고 봐야죠. 완전히 피폐해졌어요." (이상호)

"어느 날 상호도 볼 겸 흥수 형네 가서 술 한잔했어요. 그 당시 흥수 형은 당뇨도 심해서 직접 인슐린을 맞았어요. 그러면서도 술을 계속 마셨죠. 전장협과 DPI 통합 과정에서 분노가 많이 쌓였나 봐요. 흥수 형이 살던 아파트가 당시 최고 기술력의 콘크리트 구조물로 지어 벽이 튼튼하다고 알려진 곳이었는데, 무엇으로 내리쳤는지 베란다 쪽 벽에 큰 구멍이 뚫려 있더라고요. 어떤 대안이나 생산적인 조언을 구하기도 어려울 정도로 대화 자체가 어려웠어요." (김종환)

1999년 IMF 사태 이후 대량 해고와 실업으로 거리에 노숙인들이 넘쳐나던 시절, 장애인실업자연대가 만들어지고 박흥수는 잠시 초대 위원장 자리를 맡기도 했다. 후배들이 여러 차례 찾아와서 수락하기는 했지만 오래 지속하지는 못했다.

계속되는 폭음과 당뇨로 정태수를 비롯한 후배들이 박흥수를 반강제로 병원에 입원시키기도 했지만, 무너진 일상과 건강을 돌이키기는 어려웠다. 그 부침의 과정 속에서 며칠 동안 인기척이 없자 이웃 주민이 119에 신고했고 박흥수는 주검으로 발견된다. 그를 믿고 따랐던 후배들은 깊은 슬픔에 빠진다. 장애해방을 위해 함께

하자던 정자결의 3인방, 박경석과 정태수와 박흥수, 그중 한 명이 세상에서 사라진 것이다.

"서울 영등포에서 태어난 박흥수는 1살 때 소아마비 후유증으로 장애를 입게 되었다. 그는 나보다 1년 빠른 1987년에 서울장애인종합복지관에서 목공예를 배우는 직업훈련을 받았는데, 장애인운동을 함께 할 사람들을 조직해야 한다는 역사적 사명을 띠고 나와 태수가 다니고 있던 서울장애인종합복지관에 동문 자격으로 와서는 후배들을 만나고 다녔다. 거의 매일 찾아와서는 후배들에게 술을 사주고 장애인의 삶에 대해 이야기하면서 데모하자고 꼬드겼다.

술 사주면서 데모하자고 꼬드기는 것을 우리는 '약물치료'라고 했다. 박흥수는 이른바 운동권 용어로 활동가가 현장에 내려가 조직 활동을 하는 '하방'을 하면서 열심히 후배들을 약물치료 했다. 나와 정태수는 박흥수의 하방 기간에 약물치료에 걸려들면서 인생이 꼬이기 시작했다.

박흥수의 특기는 약물치료 말고 상담치료도 있었다. 박흥수는 후배들의 이야기를 잘 들어주었는데, 언제나 부드럽고 진지하게 들어주면서 지지해주고 문제의 방향이 무엇인지 정확히 조언하는 역할을 잘했다. 한마디로 뛰어난 상담가였다. 이러한 상담치료는 언제나 약물치료와 함께 이루어지는 단골 메뉴였다.

박흥수는 '물리치료'도 잘했다. 후배들에게 술 한잔 사주면서 이야기를 들어주어 안심을 시킨 뒤에는 어김없이 집회에 나가자고 꼬드겼다. 후배들은 술

김에 집회에 나갈 것을 약속했지만 술자리가 끝나면 그 약속은 거품처럼 사라지기도 했다. 그러면 박홍수는 '물리치료'를 감행했다. 약속을 안 지킨다고 후배들을 두들겨팼던 것이다. 약물치료와 상담치료 그리고 물리치료까지 진행되면 그 치료에서 벗어날 사람은 별로 없었다."[2]

자신을 장애인운동의 길로 들어서게 한 박홍수의 죽음을 정태수는 어떻게 받아들였을까? 장례를 치르며 태수는 박홍수의 몫까지 해내야 한다고 결심했던 것으로 보인다. 어쩌면 장애인청년학교의 준비 과정에서 그가 그토록 자신의 몸을 돌보지 않고 장애인운동에 더욱더 전념하게 만든 하나의 원인이 되었을 것이다.

한편 정태수는 박홍수열사추모사업회를 만들려고 추진하기도 했다. 하지만 정태수와 그의 동료들 앞에 닥친 사업과 현실은 녹록치 않았다. 박홍수의 시신이 발견된 2001년 7월 23일은 장애인 이동권 쟁취를 위해 광화문 세종문화회관에서 기자회견을 열고 백만인 서명운동을 선포한 날이다. 장애인이동권연대는 이날 서울시청 앞에서 무기한 천막농성에 돌입하려다 경찰의 저지로 무산되자 노숙투쟁에 돌입했다.

---

2) 박경석, <지금 나는 더 행복하다>, 책으로 여는 세상, 2013.

불꽃 같았던 장애인청년학교

"2001년 이후 한국 장애인운동이 보여주었던 가장 큰 특징은 1990년대 중반 이후 점차 약화되다가 전장협의 소멸로 단절되다시피 했던 현장 대중 투쟁의 복원이라 할 수 있다. 그리고 그 복원이 장애인이동권연대의 투쟁으로부터 시작되었다는 데 이의를 달지 않는다."[3]

노들장애인야학 등이 오이도역 리프트 추락 사건을 계기로 대중적으로 전개한 장애인 이동권 투쟁은 이후 장애인운동뿐만 아니라 인권운동을 비롯한 전체 사회운동에도 큰 영향을 미쳤다. 무엇보다 법적, 제도적으로 문법 밖에 있었던 '장애인의 이동할 권리(이동권)'가 인권의 목록에 실렸다는 점, 또한 그 방법에 있어 지하철 선로와 시내버스를 점거하는 등 직접 행동이라는 매우 급진적인 운동 방식을 채택했다는 점에서 그렇다.

한편 이 시기에 이동권 투쟁과 맞물려 본격적으로 시작된 탈시설·자립생활 운동은 내부 비리와 시설 장애인의 인권 침해 문제에 맞서 '시설의 민주화'라는 소극적 해결이 아니라, 시설을 없애고 장애인이 시설 밖으로 나와 지역 사회에서 살아가야 한다는 담론을 내건, 역시 급진적 운동이었다.

---

3) 김도현, <차별에 저항하라>, 박종철출판사, 2007, 111쪽.

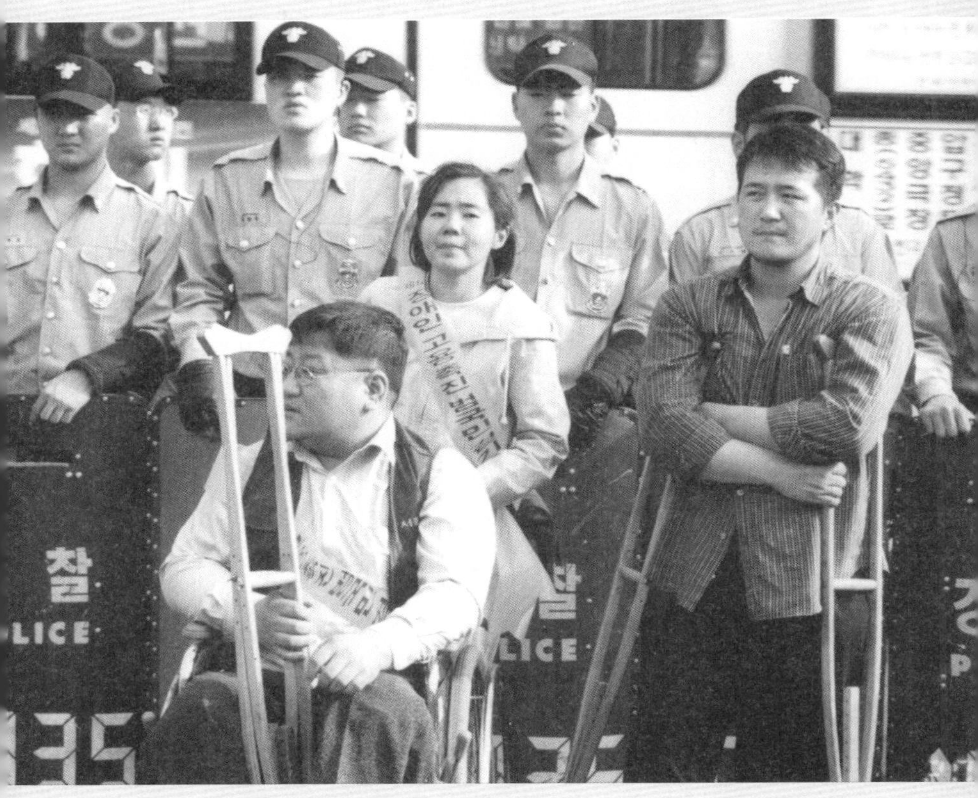

4월 20일 집회 도중 전경과 대치 중인 정태수 열사의 모습.

정태수는 장애인 이동권 투쟁에서 핵심 주체로 전면에 나서서 활동하지는 않았지만, 노들장애인야학을 중심으로 장애인이동권 연대가 결성되는 과정에서 측면 지원하는 역할을 했다.

> "태수 형이 복귀하고 언젠가 명절에 시댁에 갔는데 형이 집에서 나가더니 안 들어오는 거예요. 저는 남편이 집에 안 오니 좌불안석이었죠. 나중에 알고 보니 이동권 투쟁 때문이었어요." (김영희)

정태수는 지하철 연착 투쟁 등 현장투쟁에도 자주 참여했지만, 장애인 이동권 투쟁 과정에서 연행자가 생기면 변호사를 연결하고 경찰서로 달려가 인원수를 파악하며 면회하는 등의 일이 그의 몫이었다. 중증장애인 활동가 등이 광화문에서 집회를 벌이다 밤늦게 80여 명 넘게 연행되었을 때는 서울 시내 경찰서마다 분산 수용된 동료들을 찾아다니며 인원을 파악하고, 장애 상태에 따라 필요한 물품을 넣어주는 등의 역할을 했다. 일을 마치면 새벽 2시가 훌쩍 넘기도 했다. 한편 탈시설·자립생활 운동에서도 동료 중증장애인 활동가들에게 조력을 아끼지 않았다. 무엇보다 정태수는 이 두 가지 운동의 중심에 있어야 하는 활동가, 그리고 그 활동가가 꾸려갈 조직에 자기 활동의 초점을 맞췄다.

무엇보다 현장에 복귀한 뒤 정태수가 가장 심혈을 기울였던 사업은 '장애인청년학교'였다. 이 교육사업은 장애인운동에 관심이 있다면 누구나 들을 수 있는 공개강좌로 운영되었다. 강좌 내용도 장애인 문제뿐만 아니라 올바른 역사 인식, 인권운동이나 사회운동 등 다채롭고 폭넓은 사안을 두루 다뤘다. 장청과 전장협을 거쳐 오면서 정태수는 가장 중요한 것이 사람을 키우고 조직화하는 것이었기에 그 목적에 맞는 본격적인 사업을 시작한 것이다.

에바다 투쟁을 계기로 장애인운동에 참여한 김도현은 박경석의 제안으로 노들야학의 최초 상근자로 들어오면서 이 시절에 정태수를 만났다.

"학교를 졸업할 생각이 없었는데 태수 선배가 교사 자격증이 있으면 언제라도 써먹을 때가 있을 거라고. 그런 이야기를 했던 거 같아요. 또 언젠가 술자리에서 '내가 무엇을 할 것인지보다 우리가 무엇을 할 것인지를 고민하라'는 이야기도 제게 해줬어요." (김도현)

당시 학생운동보다 훨씬 열악한 장애인운동 단체에 들어왔던 김도현은 아마도 여기서 본인이 무엇을 할 수 있을지, 무엇이 가능하고 무엇은 가능하지 않을지 정태수에게 물었을 것이다. 정태수의 답변은 어쩌면 본인 스스로에 들려주고 싶은 이야기였을지도 모르겠다.

"DPI에 복귀해서 제일 먼저 했던 게 장애인청년학교인데, 나한테 티켓 100장을 줬어요. 일일호프처럼 일종의 후원금을 모으는 거였는데, 내가 뭐가 있어서가 아니라 얼마나 열정적으로 활동가를 양성하는 게 중요한지, 그게 가능한 조건을 만드는 것이 중요한지 나도 알고 태수도 아니까, 내가 그때 100장을 다 팔았어요." (김병태)

2001년 12월부터 2002년 3월까지 정립회관에서 진행된 1회 장애인청년학교에 대한 호응은 폭발적이었다. 50명이 훌쩍 넘는 수강생들이 모여들었다. 수료생도 40여 명이 넘었다. 장애인운동 현장에서 활동하던 활동가들만이 아니라 이제 막 장애인운동에 발을 내디딘 중증장애인 활동가들에게 청년학교는 과거와 현재, 그리고 미래를 보여주는 장이 되었다. 이곳에서는 한국만이 아니라 외국 장애인 복지제도와 장애인운동에 대한 이야기도 들을 수 있었다. 사회복지제도의 수혜자이자 대상이 아니라 권리 주체로서 장애인을 바라보는, 당시로는 혁신적인 관점도 소개되었다.

그 중심에 바로 장애인의 노동권과 자립생활이 놓여 있었다. 장애인고용촉진걷기대회를 준비하고 실행하면서 전국의 장애인들을 만났던 정태수에게는 그 무엇보다 지역에서, 현장에서 장애인운동을 해나가야 할 청년들을 교육하고 단련시키는 것이 중요했다.

"전장협 시절에 전장협아카데미라는 교육프로그램을 진행했어요.
그중 한 강의를 맡으신 분이 한신대 남구현 교수님이었는데 그 강
의를 듣고 모두 깜짝 놀랐죠. 선생님이 독일 유학을 다녀오신 직후

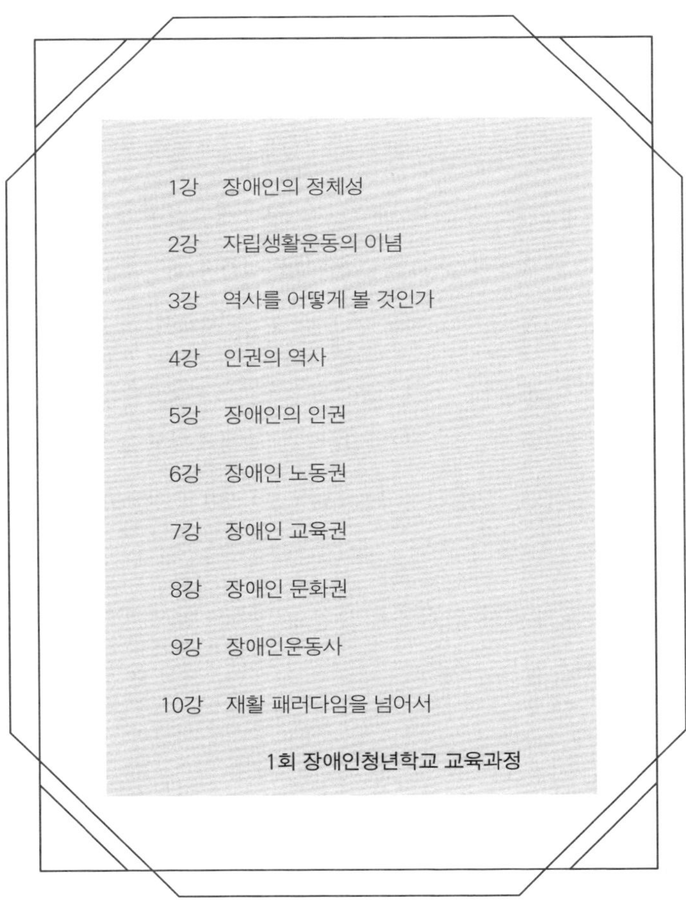

였어요. 사회복지를 시혜와 동정도 넘어서고 권리도 넘어서 '원래 우리 것이었으니 빼앗긴 걸 되찾아오자'는 내용으로 기억해요. 저런 시각으로 사회복지를 접근하고 해석할 수도 있구나 하면서 충격을 받았어요. 그래서 남 선생님 강의를 청년학교 때도 가장 마지막에 배치했죠." (김종환)

"제가 사회복지 쪽에서 국가의 시혜주의를 넘어서야 한다고 계속 이야기했거든요. '불쌍하니까 도와주마.' 이건 가진 자들의 시각에서 본 사회복지 개념이고, 권리로서 자꾸 이야기하는 게 중간계급의 관점이죠. 노동계급은 우리 것이니까 되찾아야 한다, 이렇게 해야 된다는 거죠. 장애인도 권리니까 달라고 하는 게 아니라 활동으로서의 노동과 그 대가, 그렇게 이해해야 한다. 결국 노동의 문제, 장애의 문제, 자본의 문제를 같이 봐야 한다고 주장했던 것이죠. 1990년대 중반에 제게 그런 이야기를 해달라고 했던 것이 참 많이 앞을 내다본 것이었다고 생각해요." (남구현)

3강 '인권의 역사' 강좌를 맡았던 류은숙은 당시 정태수를 이렇게 기억한다.

"태수 씨는 '장애인청년학교'라는 기획을 하고 내게 한 꼭지의 강연을 부탁해 왔다. 나는 보통 때처럼 이메일로 응답하고 수락했다. 그런데 이 사람이 시도 때도 없이 강연에 대한 이런저런 말을 걸어오는 것이었다. 이미 내가

메일로 응답한 내용이라고 해도 전화를 걸어 다시 확인하거나, 메일을 못 찾겠다고 재전송을 요청하기도 여러 차례였다.

한 번은 청년학교 포스터를 직접 가지고 오겠다고 했다. 나는 강연을 갈 뿐 청년학교를 홍보할 의사도 없는데 굳이 포스터를 받을 필요가 없었다. 하지만 그렇게 말할 수는 없으니 뭐 하러 힘들게 오시냐고, 그냥 우편으로 부치라고 했다. 그런데 태수 씨는 한밤중에 포스터를 전달하러 왔다. 몹시 피곤해 보였다. (중략) 나는 강연을 갔고, 그의 동료로부터 '늘 매정하게 답을 하셔서 좀 속상했어요'라는 지청구를 들었다. 난 그냥 내 스타일이 그렇게 무뚝뚝하다고 둘러댔다. 그리고 태수 씨는 그 청년학교 수료식 도중 과로로 사망했다. 망치로 얻어맞은 느낌의 부고였다. 떨리는 마음으로 그와 나 사이에 오간 말과 행동의 순서대로 벌여 놓고 되짚어 볼 수밖에 없었다. 태수 씨에게 청년학교는 장애인 활동가를 체계적으로 양성하기 위한 첫발이었다. (중략) 그래서 나 같은 사람들과 그 의도를 나누고 싶었던 것이다. 그런데 나는 숱한 강연 가운데 한 번으로 여겼을 뿐이었다."[4]

'장애인 활동가를 체계적으로 양성하기 위한 첫발', 장애인청년학교를 준비하고 진행하면서 정태수는 그야말로 온몸과 마음을 바쳤다. 그 모든 과정이 장애인운동의 조직화였고 역량 강화로 가는 소중한 걸음걸음이었기 때문이었다.

---

4) 류은숙, <사람인 까닭에>, 낮은산, 112쪽.

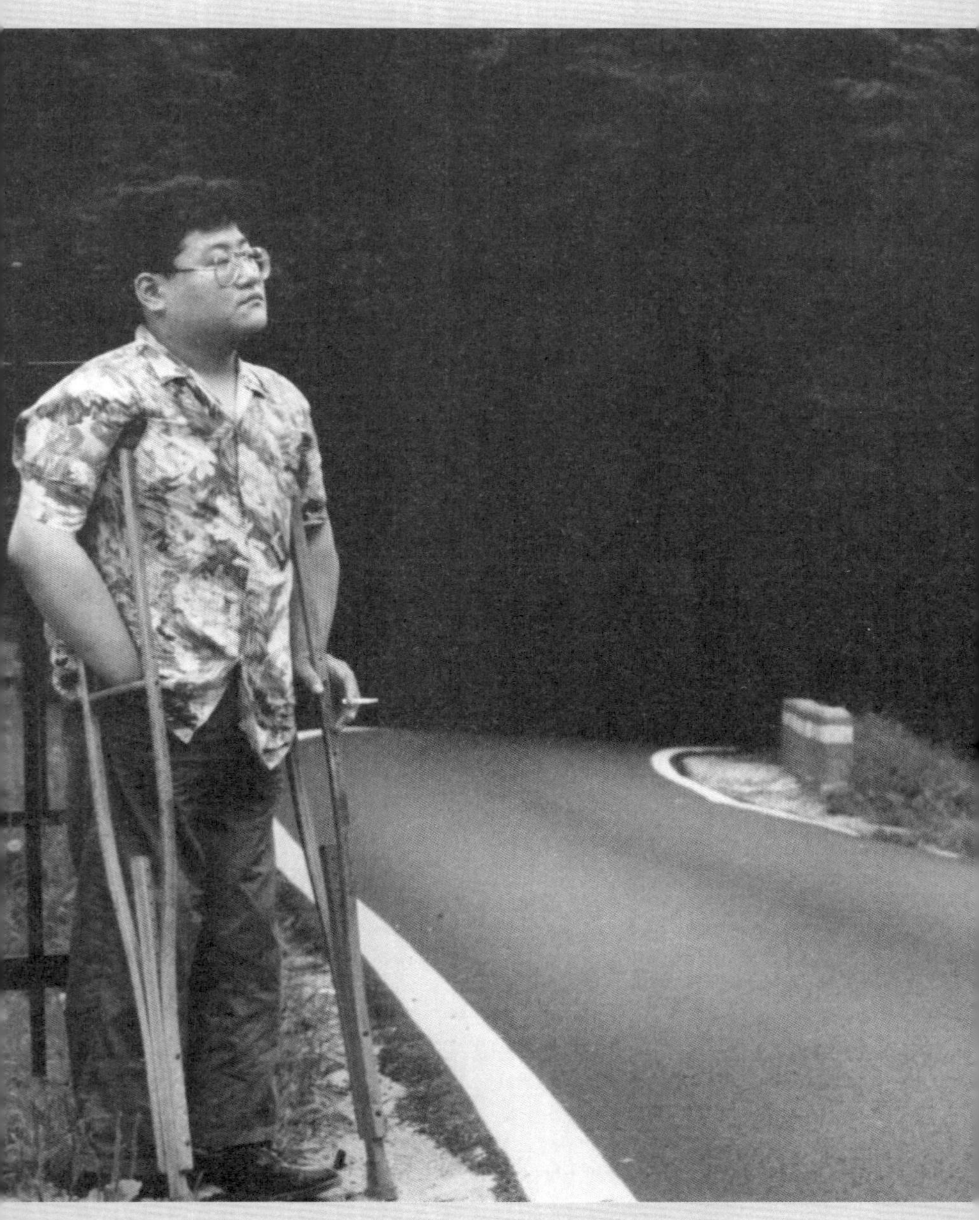

장애인 노동권 쟁취와 조직화의 한길로 일방통행 중인 정태수의 모습. 그의 사후
에 인터뷰한 동료 활동가들은 '태수는 참 따뜻한 사람'이라고 말했다.

일방통행

"수료식 모꼬지 가기 전날, 그리고 전전날도 아무리 늦어도 11시, 12시에는 집에 들어오는데 너무 늦게 들어오는 거예요. 더구나 너무 피곤해 보였어요. 왜 이렇게 늦었냐 물으니 이 사람, 저 사람 태워다 주고 늦게 왔다고 했어요. 제가 잔소리를 좀 했죠. 그래서인지 모꼬지를 저랑 같이 갈 수도 있는데, 저도 같이 갈까 말까 고민하고 있었는데, 마음이 언짢았는지 같이 가자는 소리를 안 하더라고요. 아무 얘기도 안 해요. 그래서 저도 그냥 그렇게 보내고 오전 내내 마음이 안 좋았어요. 그렇게 하루를 보냈죠." (김영희)

1회 청년학교는 10강까지 진행하면서 중간에 한 번, 마지막에 한 번, 두 번의 모꼬지를 진행했다. 첫 모꼬지는 강원도 동해안으로 갔다. 청년학교에서 새로운 관점과 지식을 배우던 활동가들의 눈앞에 놓인, 수평선과 맞닿은 탁 트인 바다는 얼마나 드넓었을까? 정태수는 수평선 너머 무엇을 보았을까?

정태수가 모든 것을 쏟아부은 그의 숙원사업 1회 장애인청년학교가 이제 끝을 향해 달리고 있었다. 대성리 근처 민박집에서 열린 수료식을 겸한 두 번째 모꼬지도 성대하게 마무리되었다. 그리고 자정 넘어서까지 뒤풀이가 이어졌다. 정태수도 긴장이 풀렸는지, 잘 마무리된 행사가 만족스러웠는지 평소보다 늦게까지 술자리에 머물렀다.

“술도 많이 마시지 못하는 친구인데 뒤풀이에서 테이블마다 돌면서 무리하더라고요. 어느 순간 안 보이길래 주변에 물었더니 몸이 안 좋아서 먼저 쉬겠다고 들어갔대요. 30분쯤 있다가 동료 중 한 명이 태수가 이상하다고 그래요. 그래서 들어가서 동료들과 몸을 막 풀어주었더니 차가웠던 몸의 체온이 좀 돌아오더라고요. 그때 바로 병원에 갔어야 했는데……. 다시 뒤풀이가 이어지고 거의 끝날 무렵 저도 취해서 다른 방에서 막 잠이 들려고 하는데 누가 태수가 또 이상하다고……. 급히 태수가 있는 방으로 갔는데 상태가 좋지 않았어요. 119가 왔는데 구급대원이 이미 숨을 쉬지 않는다고 하더라고요. 구급차로 가까운 병원에 갔는데 새벽이라 그런지 레지던트 같은 의사만 한 명 있었어요. 그런데 아무런 응급조치를 안 하는 거예요. 사람이 죽어 가는데……. ‘사람이 죽어 가는데 뭐라도 해봐라!’ 내가 막 소리소리 지르는 데도 아무것도 안 하더라고요.” (김종환)

뒤늦게 119 구급차를 불러 가까운 병원으로 옮겼지만 이미 너무 늦었다. 사인은 과로에 의한 심근경색이었다. 불꽃같이 피어올랐다가 사그라든 목숨이었다. 그 누구도 예기치 못하게 맞닥뜨려야 했던 죽음.

시인 최승호는 <인식의 힘>이라는 시에서 “절망한 자는 대담해지는 법이다”라는 철학자 니체의 경구를 인용한 뒤 단 두 줄의 시를 완성했다.

"도마뱀의 짧은 다리가

날개 돋힌 도마뱀을 태어나게 한다"

2002년 3월 3일. 정태수는 그 누구에게도 작별 인사 없이, 아니 장애인청년학교라는 너무나도 묵직하고 강렬한 작별 인사를 남기고 세상을 떠났다. 그의 나의 서른여섯에 홀연히, 마치 뒤늦게 날개가 돋아 날아간 것마냥.

그의 뒤로 또 다르게 절망하고, 절망했기에 그만큼 대담해진 장애인운동 활동가들이, 또 다른 정태수들이 그가 걸었던 길을 따라 목발을 짚고, 전동휠체어를 타고, 더듬고 헤매고 부딪치며 저마다의 방식으로 뚜벅뚜벅 걸어가고 있다.

에필로그

남겨진 사람들

"'아파서 구급차를 타고 병원으로 가는 중이니 병원으로 와라.' 그렇게 연락받았어요. 그게 새벽 두 시쯤이었나. 세린이가 다섯 살인데 자는 애를 두고 가기도 그렇고 둘러업고 택시 타기도 엄두가 안 나서 시누이에게 연락해서 와달라고 했어요. 그래서 시누이 기다리는데, 시누이네도 같이 가겠다고 해서 늦어졌어요. 병원에 도착하니까 새벽 네 시가 넘었던 것 같아요. 도착하니 경찰이 검시를 하고 있는데, 너무 놀라서 아무 말도 못 하겠는 거예요. 병원에 도착해서야 태수 형이 죽었다는 걸 알았어요. 그러다 문득 나는 이 사람과 마지막 인사 한마디 못 나눈 게 생각이 나서, 그래서 봐야겠다고, 내려가서 봤는데, 얼굴에, 볼에 눈물이 한줄기 있더라고요. 눈물을 흘리고 있어서…… 너무 마음이 아파서……." (김영희)

김영희는 두 가지가 가장 마음에 걸렸다. 하나는 어린 세린이를 두고 가는 정태수의 심정이었다. 얼마나 발걸음이 떨어지지 않았을까. 무척이나 딸을 아꼈던 정태수였다. 또 하나는 정태수의 온몸에 난 칼자국이었다. 살면서 장애 때문에 수술도 많이 했고, 다치기도 많이 했던 그. 이렇게 힘들게 살았구나, 저렇게 상처를 많이 받으며 살아온 삶이었구나 하는 생각에 마음이 미어졌다.

역설적으로 정태수 열사 어머니 강영자에게 가장 고마웠던 순간 중 하나로 기억되는 것은 그의 장례식과 추모제였다. 정립회관에서 열린 장례식에는 백기완 선생 등 수많은 조문객이 참석해 그의 죽음을 애도했다. 정태수 열사의 유가족들은 그날 비로소 당신의 아들이자 형, 동생, 오빠였던 정태수가 얼마나 많은 일을 하며 치열하게 삶을 살다 갔는지 알게 되었다.

정태수의 동료들은 그를 떠나보내며 각자 맡은 일을 했다. 아니 그 이상의 일을 했다. 장례식을 준비하고 마석 모란공원에 장지를 마련했다. 정태수의 사망 소식을 들은 민중가요 작곡가 김호철은 하루 만에 추모곡 <태수야>를 만들어 편곡과 녹음을 마쳤다. 정태수는 김호철이 누구보다 아끼던 후배 중 하나였다. 역시 후배 태수를 아끼던 민중가수 박준은 녹음하는 중간중간 울음을 참느라 애를 먹었다.

원병원에서 강동성심병원 장례식장으로 옮겨진 뒤 태수의 영안실에는 김호철이 만든 <태수야>가 잔잔하게 흘렀다. 아마도 열사가 돌아가신 뒤 장례 기간에 추모곡이 울려 퍼진 것은 정태수 열사

태수야

글,곡: 김호철

가 유일할지도 모른다. 김호철은 무엇보다 정태수의 가족과 동료들이 위로받고 힘을 받기를 간절히 바랐다. 이 노래는 정립회관에서 열린 장례식에서 박준의 추모공연으로 다시 울려 퍼졌다. 이날 정태수의 오랜 동료 박경석은 추도사에서 정태수의 '18번' <의연한

산하>를 불렀다.

　정태수는 2002년 3월 5일 마석 모란공원 민주열사묘역에 안장되었다. 당시 정태수가 안장된 묘소까지 경사로가 설치되지 않아 장지에 온 수십 명의 중증장애인들은 한 모둠 밑에서 그를 떠나보낼 수밖에 없었다.

　태수가 떠난 자리, 남겨진 딸 세린이와 김영희를 돌보고 챙기는 것도 동료들의 몫이었다. 이상호, 김종환 등 정태수의 동료들이자 김영희의 벗들은 매일 매일 순번을 짜서 김영희의 집을 찾았다.

"그때 제 유일한 목표, 과제는 아침에 일어나서 아이 밥 먹여서 유치원 보내는 거, 그게 최대의 과제였어요. 그 시기 정태수의 동료들이 우리 집에 와서 거의 살다시피 했어요. 허구한 날 찾아와서 1년 365일 그들 술상을 차려줬던 기억밖에 없어요. 어떤 날은 서너 명, 어떤 날은 열 명. 그런데 하나도 안 귀찮았어요. 오면 너무너무 반가웠어요. 어떤 때는 처음 보는 사람이 왔는데 자기가 누구라고 하면 다 태수 형 수첩에 적혀 있던 이름이었으니까 '아, 당신이 그 사람입니까?' 하하 웃으며 인사하곤 했죠. 그렇게 1년쯤 보내고 오는 사람들이 뜸해지니까 그제야 정말 노래 가사처럼 가슴이 총을 맞은 것처럼 아프더라고요." (김영희)

#2

기억하는 사람들

2002년 3월 5일 정태수 열사의 장례를 치르고, 49재와 4·20 장애
인차별철폐결의대회 등을 치른 뒤 추모사업회 준비모임은 2002년
9월 30일 '정태수열사추모사업회'를 공식 출범했다. 추모사업회의
첫 번째 사업은 '정태수 열사 추모 자료집'을 발간하는 것이었다. 그
자료집 머리말에 있는 한 대목이다.

"투쟁하는 현장에, 동지를 추스르는 술자리에, 치열한 생활 전선에, 선배들
을 추억하는 자리에… 언제나 정태수 열사는 함께하고 있었던 것이다. 육신
의 한계를 지닌 인간이 어떻게 영원을 꿈꿀 수 있는지 태수가 알려주고 있었
다. 영원(永源)이 없는 우리들이지만, 영원히 남을 장애해방열사로서 정태수
는 모습을 바꾸며 영생할 것이다."

열사. 요즘 세대에게는 생소한 용어인 이 호칭은 나라를 위해 절의를 굳게 지키며 충성을 다한 사람을 의미하던 것에서 시작되었다. 현재는 한국 사회운동에서 국가와 자본, 사회의 구조적인 모순에 저항하다 돌아가신 분 등을 지칭하는 말로 확장되었다.

"1995년 산화한 노점상 최정환이 마지막으로 남긴 말은 '복수해달라'였다. 오늘날 필요한 것은 최정환을 열사로 호명해 해체된 열사와 무너진 전선을 복구하는 것이 아니라 '복수해 달라'는 바로 그 말에 귀를 기울이고 공감하는 것이다."[1]

한 인간의 존재와 죽음을 기리는 것을 넘어 그의 삶과 행적을 기억하고 따르겠다는 약속에서 열사와 추모는 맞닿아 있다.

"1980년대 말부터 시작된 울림터, 장애인운동청년연합회 등을 중심으로 한 선도적인 투쟁과 이러한 투쟁을 더욱 대중적인 틀 속에서 풀어가고 했던 전국장애인한가족협회의 활동은 장애민중의 역사가 단지 굴종과 억압만이 아닌 저항과 투쟁의 역사임을 분명히 보여주고 있다. 또한 새천년 신자유주의의 광풍을 거슬러 폭발하기 시작한 장애민중의 이동권 투쟁은 교육권, 노동권, 생존권, 자립생활 쟁취 투쟁 등으로 확장되어 왔으며, 중증장애인과

1) 임미리, <열사, 분노와 슬픔의 정치학>, 푸른역사.

장애여성, 부모 주체들의 활동은 장애인운동의 새로운 시야와 지평을 열어주고 있다. 더불어 이러한 각 영역별 운동과 주체들의 활동은 '4·20장애인차별철폐공동투쟁' 속에서 지속적인 연대의 경험을 축적해왔다. 전국장애인차별철폐연대는 이러한 장애민중운동의 역사를 계승하며, 아래로부터의 대중투쟁이라는 확고한 원칙을 견지해가는 속에서 장애인의 차별철폐와 인간다운 삶의 쟁취를 위해 투쟁하고자 한다."

– 전국장애인차별철폐연대 강령 중에서

"전장연(전국장애인차별철폐연대)에서 교육하거나 장애인운동을 강의하면 전장연은 울림터와 장청, 전장협의 역사를 계승한 조직이라는 말을 해요. 우리에게는 증조할머니와 할머니와 어머니가 있다. 장애인운동이 어느 날 갑자기 시작된 게 아니라 역사가 있고 계보가 있고, 그 역사와 의미를 알아야 한다는 거죠." (김도현)

"정태수 열사는 독특한 게 있는데, 어디를 가나 그를 기억하는 사람들이나 존경하는 후배들이 있고, 그래서 지금도 장애인운동에서 다양하게 영향을 미치고 있다는 거예요. 그게 제일 큰 빈자리에요. 정태수의 빈자리. 지금까지 살아 있다면 제가 그랬던 것처럼 정말 많은 후배들이 위로받고 응원을 받았을 텐데. 제가 받은 것을 다른 사람들이 받지 못했다, 지금도 받지 못한다는 게 제일 아쉽죠." (배복주)

"겁나게 그리워요. 제일 후회되는 건 제가 참모로서 태수를 잘 도와주지 못한 거죠. 사람들이 정태수를 안 기억해도 좋으니까 장애인운동사 공부를 많이 했으면 좋겠어요. 그게 정태수를 기억하는 거라고 생각해요. 장애인운동사를 공부하고 장애인운동을 잘하는 것, 그게 중요한 거고 그게 정태수 열사의 정신을 계승하는 거죠." (이상호)

"술도 많이 마시지 못하는 녀석이 청년학교 수료식에서 테이블마다 돌며 술을 받아마시곤 조금 일찍 방에 들어가 쉬겠다더니 영영 우리 곁을 떠나버렸어요. 하지만 박경석 동지를 비롯해 20여 명이 넘는 정태수상 수상자들, 그리고 이 시대를 사는 또 다른 정태수들이 태수를 기억하며 함께 투쟁하고 있잖아요. 후배들에게서 태수를 보는 거죠." (김종환)

"그 당시 태수형 휴대폰 비용이 15만 원이 넘게 나왔어요. 얼마나 사람들에게 전화를 많이 했던지. 형이 가고 어느 날 명절이 되니 태수 형 대신 내가 안부 전화를 해야 할 거 같다는 생각이 들었어요. 태수 형이 늘 그렇게 해왔으니까. 그래서 상호 형이 그 사연 많은 전화기를 하늘나라에서 동지들과 전화 많이 하라고 묘역에 가져다 놓자고 해서 가져다 놓았죠." (김영희)

정태수열사추모사업회는 2003년부터 매년 정태수 열사의 삶과 정신을 되새기며 장애인운동에 헌신한 활동가 또는 단체에 '정태수상'을 수여하고 있다. 박김영희, 김도현, 이규식, 장애와인권발바닥행동 등 많은 수상자(단체)들은 이제 중견 활동가가 되어 아직도 장애인운동에서 큰 역할을 담당하고 있다.

묘소의 사물함에 놓인 정태수의 전화기는 더 이상 발신도, 수신도 되지 않는 낡은 전화기일 뿐이다. 하지만 정태수상을 통해 정태수는 장애인운동, 그리고 장애인운동 후배 활동가들과 끊임없이 교신 중이다. 전화기 속에서는 늘 태수 목소리로 이 말이 타전되고 있다.

"살아남은 자, 조직하라!"

정태수상 수상자·단체 글 모음

정태수상 수상자·단체 글 모음

◆ **23년 전에 받은 정태수상이라는 등잔 하나 들고…**

- 박김영희 장애해방열사_단 대표

(1회 수상자 / 장애여성공감 창립 등)

정태수상을 받고 누군가에게 끌리듯이 23년을 온 것만 같다. 내가 어디로 향해야 할지 방향을 잃을 때, 내 손에 등잔 하나가 있었다. 이 작은 등잔의 빛을 따라서 장애인활동가로 20년 넘게 활동하고 있다.

◆ **내가 아니라, 우리가 무엇을 할 수 있는가를 고민하라**

- 김도현 노들장애학궁리소 연구활동가

(2회 수상자 / 이동권 투쟁 중 구속)

"내가 무엇을 할 수 있는가보다는, 우리가 무엇을 할 수 있는가를 고민하라." 언젠가 열사가 나를 집으로 불러 그 두툼하고 큼지막한 손으로 소주를 따라주며 했던 말이다. 이는 그 이후 내 운동의 가장 중요한 금언(金言)이 되었다.

◆ **힘들 때마다 바라본 상패**

- 최진영 전 성동장애인자립생활센터 소장

(4회 수상자 / 정립회관 민주화 단식투쟁 등)

정태수상을 받고 나서 장애인운동에 말뚝 박는다는 심정으로 나름대로 열심히 활동했다. 활동하다가 힘들어서 주저앉아 울다가 다시 힘내고 또 지치고 분노하고 흔들리고…. 그럴 때마다 책장에 놓인 정태수상 상패를 보면서 마음을 다잡곤 했다.

◈ 더 열심히 활동하며 투쟁하겠습니다. 투쟁!

– 석암재단생활인비상대책위원회

(7회 수상단체 / 시설비리 및 자립생활 쟁취 투쟁)

아직도 시설에 있는 3만여 명의 장애인이 탈시설하는 그날까지 열사의 정신을 이어받아 더 열심히 활동하며 투쟁하겠습니다. 투쟁!

◈ 살아생전 모습과 체온으로 다독임을 잊지 않겠습니다

– 윤성근 이음장애인자립생활센터 활동가

(8회 수상자 / 전 전국장애인차별철폐연대 선전국장)

너무 힘들었고 그 힘듦을 견디기 어려워 마음속으로 그만두자는 결정을 했을 때 정태수상을 받게 되었습니다. 아무래도 열사께서 살아생전 모습과 체온으로 조금 더 힘내서 함께하자고 저를 다독이며 타이르려고 이 상을 통해 이야기하시지 않았나 생각이 듭니다.

◈ 이 시대를 살아가는 우리는 동지가 더 그립습니다

– 노금호 대구사람장애인자립생활센터 소장

(11회 수상자 / 대구장차연 활동 등)

정태수는 힘들고 지친 동료의 옆을 지켜준 사람, 밥 한 끼 함께 나

누며 위로해준 사람으로 우리 곁에 꼭 필요했던 소중한 활동가였
다. 무엇보다 현재의 나에게 정태수는 그 시절 장애인운동의 동료
로, 후배로 만나고 싶은 사람이다. 존경하는 어른, 지칠 때 기댈 형,
함께하고픈 활동가, 만나고 싶은 선배 정태수 열사, 이 시대를 살아
가는 우리는 그래서 동지가 더 그립다.

◆ 겁나게 힘드니 술 한잔 사주세요!

  – 문애린 전 이음장애인자립생활센터 소장

  (14회 수상자 / 전 전국장애인차별철폐연대 조직실장)

  해가 갈수록 옆에 있는 동료를 잃을 때마다 저도 모르게 가장 많이
떠오르는 분으로 기억됩니다. 떠나보내야 하는 마음과 떠나야 하는
마음의 차이가 같은 선상에 있기 때문입니다. 장애인운동을 하면
할수록 열사님도 저와 같은 고민과 갈등, 무거움, 분노 등등이 들지
않았을까 이런 생각도 듭니다. "겁나게 힘드니 술 한잔 사주세요!"

◆ 매년 새로운 다짐으로 힘을 받곤 합니다

  – 김명학 노들장애인야학 교장

  (15회 수상자 / 각 현장투쟁 연대 등)

  매년 3월 1일 정태수 열사를 만나는 묘역 앞에서 여전히 변하지 않
는 사회 환경을 이야기할 때 열사께 많은 미안함을 느끼며 내려오
곤 합니다. 좀 더 좋은 결과물들을 말하지 못해서. 늘 투쟁 현장에

서 정태수 열사와 함께하며 그 마음을 나누고 싶습니다.

◈ 열사를 기억하며 더 힘차게 투쟁하겠습니다

- 고 김진수 김포장애인자립생활센터 소장

(19회 수상자 / 탈시설 자립생활 투쟁)

정태수 열사가 지금 살아계셨다면 더 많은 활동가를 조직하고 우리의 투쟁은 더 들불처럼 타올랐을 텐데 하는 아쉬움이 있습니다. 열사를 기억하며 더 힘차게 투쟁하겠습니다.

◈ 열사는 제가 매 순간 성찰하며 살아가는 나침반

- 김봉조 대구사람장애인자립생활센터 활동가

(20회 수상자 / 대구장차연 조직활동 등)

정태수상은 저 스스로 수고했다는 위안이 되었습니다. 또한 더 많은 사람을 만나고, 더 많은 활동을 할 수 있도록 하는 힘이 되었습니다. 과연 내가 이 상을 받을 만한 사람인가 망설였지만, 어느새 활동에 힘을 잃어가던 저에게 새 기운을 주었습니다. 열사는 제가 매 순간 성찰하며 살아가는 나침반입니다.

◆ **장애해방의 밑불이 되고 불씨가 되는 노들장애인야학**

- 노들장애인야학

(20회 수상단체 / 장애인운동 교육사업 및 현장 투쟁 등)

열사가 생전에 염원했던 '살아남은 자, 조직하라'라는 당부는 노들
야학이 힘차게 실천하고 있습니다. 노들야학은 열사의 정신을 이어
받아 공부하고, 투쟁하고, 노동하며 새로운 장애해방의 길을 조직
하면서 나아가겠습니다.

◆ **열사의 정신으로 현장을 지키며 투쟁하겠습니다**

- 이수미 노들장애인자립생활센터 활동가

(22회 수상자 / 탈시설·자립생활 현장 투쟁)

차별과 배제가 아직도 횡행하는 사회구조 속에서 변혁을 꿈꾸며,
세상 모든 장애인이 교육받고 노동하며 지역 사회에서 당당하게 자
유롭게 사는, 정태수 열사가 꿈꾸던 세상! 열사의 정신을 이어받아
현장을 지키며 열심히 투쟁하면서 살아가겠습니다.

◆ **남은 재마저 바람에 건넬 수 있도록…**

- 이영봉 포천나눔의집장애인자립생활센터 소장

(22회 수상자 / 경기 지역 풀뿌리 현장 조직 활성화 등)

우리가 다 타서 그 남은 재마저 바람에 건넬 수 있도록…

◆ **열사의 뜻을 이어 함께 목소리 내며 조직하겠습니다**

- 피플퍼스트 서울센터

(23회 수상단체 / 발달장애인 당사자 조직 및 투쟁 등)

발달장애인 운동 조직인 피플퍼스트는 지난 10여 년간 계속해서 "발달장애인의 목소리를 들어라"라고 말해왔습니다. 처음 몇 해 동안은 우리가 아무리 열심히 노력해도 아무도 발달장애인들의 목소리를 듣지 않는다고 생각했습니다. 정태수상을 받는다고 들었을 때 정말 기뻤습니다. 발달장애인 운동의 구호가 우리 안에서만 의미 있는 것이 아니라, 밖의 사람들에게도 인정받은 것 같았습니다. 열사의 뜻을 이어 사람들 속에서 함께 목소리 내며 조직하겠습니다.

정태수 열사

연보

1967~2002

1967년 12월 25일

제주 서귀포시 하모리 모슬포에서 3남 1녀 중 둘째로 태어남. 출생 후 10개월 무렵 소아마비에 걸림.

1970년 4세

남동생 희수가 태어남. 고무신 도매업으로 바쁜 부모님이 제주 고산에 있는 외가에 태수를 맡겨, 이곳에서 다섯 살까지 지내게 됨.

1972년 6세

여동생 미희가 태어남. 부모님은 건축자재 판매업을 시작하고, 태수를 집으로 데려옴.

1975년 9세

제주 집 근처 대정초등학교에 입학함.

1977년 11세

마산 홀트아동복지회에서 다리 수술을 받고 재활치료를 함. 가족들은 제주도를 떠나 경기도 하남시 선린촌으로 이주하여 양계장을 시작함.

1979년 13세

서울로 올라와 가족과 함께 살게 됨. 하남시 선린촌에서 서울 천호동으로 이사함.

1981년 15세

세 살 어린 동생 희수와 천호초등학교 6학년 같은 반에 다니게 됨.

1982년 16세

천호중학교에 진학함.

1985년 19세

배재고등학교에 진학함.

1986년 20세

친척 형제들이 제주에서 올라와 서울에서 대학에 다니며 태수네에 거처했고, 이들의 영향을 받아 사회 문제에 눈을 뜨고 민중가요를 따라 부르기 시작함.

1988년 22세

서울장애인종합복지관 전산과에 입학함. 이곳에서 이후 가장 든든한 동지가 된 박경석을 만남.

1989년 23세

서울장애인종합복지관을 수료함. 복지관 수료생들의 모임인 '싹틈'에서 활동함. 복지관 소식지의 실태를 고발하는 과정에서 복지관의 조치에 항의하며 5일간 삭발농성을 함.
장애인고용촉진법 제정, 심신장애자복지법 개정을 요구하며 공화당사에서 단식농성을 함.

1990년 24세

장애인운동청년연합회(장청) 조직부 활동을 시작으로 전국장애인운동청년연합회 주비위원, 정립회관 비리척결 점거농성 등의 활동을 함.

1991년 25세

장청에서 조직부장을 맡음.

1992년 26세

아버지가 쓰러지심. 백기완선거대책운동본부(백선본)에서 활동함.

1993년 27세

장청이 장애인한가족협회와 통합한 뒤 전국장애인한가족협회(전장협)
조직국장을 맡음.

1995년 29세

최정환 열사(3월 21일 분신) 장례투쟁 집행위원, 장애인자립추진위원회
(장자추) 조직부장을 맡음. 이 과정에서 구속돼 한 달가량 옥고를 치름.
이덕인 열사(11월 28일 의문사) 장례투쟁 집행위원.

1996년 30세

2월부터 한 달여간 전장협의 전국 10여 개 지부를 돌며 '장애인고용
촉진걷기대회'를 진행함. 이는 '제1회 장애인고용촉진걷기대회(4월 20
일)'로 총화됨.
생계를 위해 인쇄소를 시작함.
12월에 딸 세린이 태어남.

1997년 31세

김영희와 결혼함. 인쇄소와 족발집을 운영하며 생계를 이어감.

2001년 35세

장애인운동 현장에 복귀해 서울장애인연맹 조직국장, 피노키오장애인
자립생활센터 사무국장을 맡음.

2002년 36세

서울장애인연맹 사무처장을 맡음.

3월 3일, 1회 장애인청년학교 수료식 도중에 과로에 의한 심근경색 증
세로 사망함.

• 2002년 9월 30일 정태수열사추모사업회 출범함.

살아남은 자, 조직하라!
정태수 평전

초판 1쇄 인쇄 2026년 2월 19일
초판 1쇄 발행 2026년 2월 27일

지은이 강곤·김종환
기획   정태수열사추모사업회

발행인 양수빈
펴낸곳 끌레마
등록번호 제313-2008-31호
주소 서울시 종로구 대학로 14길 21 (혜화동) 민재빌딩 4층
전화 02-3142-2887   팩스 02-3142-4006
이메일 yhtak@clema.co.kr

ⓒ 정태수열사추모사업회

ISBN 979-11-89497-69-9 (03990)

• 값은 뒤표지에 표기되어 있습니다.
• 제본이나 인쇄가 잘못된 책은 구입한 곳에서 바꿔드립니다.